M&Aアドバイザーの秘密

—トラブルと苦労の日々—

村藤　功［著］

創成社

はじめに

振り返ればトラブルと苦労ばかりの日々だった。挫折と落ちこぼれで始まった社会人生活だが、M&Aアドバイザーになりたいと投資銀行やコンサルティング会社でバタバタしているうちにいつのまにか業界の古株になっていた。社会人になってからも私の描いた人生設計は3回破綻し、そのうち2回（アジア専門投資銀行のペレグリンと監査法人グループのアーサーアンダーセンの破綻）は小説になった。数年前から大学の教員とコンサルティング会社を兼業して私の人生もようやく安定し始めたが、これまでの人生はドタバタ喜劇のようなものだった。あまり恥ずかしいのでもう二度と同じことを繰り返したくない。

M&Aのアドバイザーは人の気持ちを考えて対策を考える仕事である。誰かが怒って何かを叫ぶので、問題を収拾する選択肢を企画・検討して実行し続けるのである。クロージングまでは重荷を背負ってなんとかたどりつき、ホッと一息すると別の取引で騒ぎが起こって駆け付けなければならない。華々しい舞台で活躍し、高い成功報酬を受け取れる、リッチでバブルな商売だと思っている人はやめておいたほうがいい。積み上げた失敗や苦労の数に応じてため息をつきながらアドバイスをひねり出しているのだ。

何の因果か、私は生まれてからずっと人の相談に乗るのが好きだった。特に人生の岐路に立った人の相談に乗り、その選択によって将来がどうなるかを共に考えることが好きだった。その結果、大学で法律相談所に入り、ベイン、アンダーセンというコンサルティング会社でコンサルティングを行い、CSFB、ペレグリンという投資銀行でM&Aのアドバイスをすることになった。私は過去入社した会社で破綻と転職を繰り返したが、財務分析にからんだアドバイザーでなかったことは一度もなかったと思う。転職はしてもやっていることは同じだったのである。

私がM&Aアドバイザーを目指した20年前、日本ではM&Aアドバイザーはなにやら怪しい職業だと思われていた。私はとても面白そうな仕事だと思っただけなのだが、私の家族は覚えにくいカタカナのアウトサイダー的な仕事だと思っていたようだ。その後M&Aは日本でも徐々に戦略的選択肢の一つとして認められてきた。世の中にはM&Aアドバイザーになりたい人も増えてきたように見える。

この本では、私がどうやってM&Aアドバイザーになったのかを振り返り、M&Aアドバイザーのする仕事とアドバイスの秘訣について考えてみることにする。私がM&Aアドバイザーになるためにしたはじめの一歩は、①できないことをやりたいと思うことと、②世界で一番流れの速そうなところに飛び込むことだった。私はアメリカで3年、イギリスで3年、アジアで3年一番大変そうなところで働いた。正直言って、時代の流れに翻弄され、泳いでいたというよりは悲鳴を上げながら流されていた。それでも日本になかったM&Aをやり続けたため、M&Aの始まろうとする日本に来てみたらそれまで身につけたグローバル・スタンダードの端くれで仕事ができるようになっていた。

5年前から九州大学のビジネススクールでコーポレートファイナンスやM&Aを教えている。勘違いしている人も多いようだが、顧客や学生へのアドバイスの背景にあるのは成功体験というよりは失敗体験である。私がどのような失敗体験をしてM&Aアドバイザーになり、どういうアドバイスをしているのか、ご覧いただきたいと思う。大方の友好的な誤解とは異なり、あまり順調な人生ではないし、そういうアドバイスをしていいのかと思われる向きもあろうと思う。

実際のM&A取引の内容は当事者が叫びだすので実に面白い展開を見せることが多いが、厳しい守秘義務契約に縛られているため、残念ながら取引における実話を実名で公開するわけにもいかない。また、そのとき嫌いだと痛感しても、落ち着いて考えればお世話にもなっている人が多いので、この本の中ではかなりの実名を省いている。しかし、一般論に見えても、実話と実感が背景にあることが多い。注意してご一読いただきたい。問題なさそうなところは実名を入れさせていただいたところも多い。これを読んで、なんだか大変そうなのでもうM&Aアドバイザーはやめておこうという人もいるかもしれないが、それでもなりたいという人はやってみればいい。私がアドバイスしよう。

2008年7月

村藤　功

目次

第1章

M&Aアドバイザーになるまで

第1節　挫折からのスタート

大学3年で法律相談所に入所

小学校では天才といわれたこともあるが、名門私立武蔵中学に入り普通の人になった。高校でも大して勉強せず当然のように1年浪人した。駿台予備校で勉強して東大の文科一類に入ったのはいいが、入学によって目的が消えた。気が付くと周囲は大変な秀才ばかりで、勉強については大きな劣等感を感じたものである。とりあえず自分がどこにいるのか認識しようと思い、岩波文庫の白帯や青帯を読みまくった。その結果、現在の世界は主権国家の分立から世界連邦へ向かう途上にあるという結論を得た。近代的主権国家は、16－17世紀にかけて封建諸国の地域に収まりきれなくなった商人に規制をかけるために地域を拡大する必要があったことから生まれたものである。現在、すでに多国籍企業が国家の領域を越えて活動している以上、グローバルな法制度を作るしかないと思ったのである。

大学3年になって法学部に進学し、法律相談所に入った。人の相談に乗るのが好きだったからだ。当時、東大の法律相談所は週に2回外部の人向けの法律相談をしていた。法律相談所は法的解答をしなければならないのに、私は人生相談のような解答をして、まじめな部員のひんしゅくを買っていた。

東大の法律相談所は毎年五月祭に模擬裁判を主催する。私は3年のときに「いたずら電話事件」の弁護士役を務めた。被告役は衆議院議員になった片山さつき（当時は朝長さつき）である。4年の時には模擬裁判の演出を務めた。テーマは、パトカーがオートバイを追いかけ、あわてたオートバイが交通事故を起こしてしまう事件だった。私は、演技についての教本であるスタニスラフスキーの『俳優修行』という名著に基づいて、着々と劇を作った。スタニスラフスキーの方法は、役の人格・性格を、役者の中に作りこむというものだった。私は、子供の頃から世間に対して演技を続けてきたので、この方法に夢中になり、対立するさまざまな意見を押さえ込んで、自分のやり方を通した。法学部の大教室で開廷した模擬裁判は、600名以上の観客を得て、大成功だった。

司法試験に失敗

司法試験への取り組みは4年の5月に模擬裁判が終わってから始めた。父が弁護士だったこともあり、職業の選択として弁護士はわかりやすかった。若かったので何にでもなれると勘違いし、まず弁護士になって、それから国際連合に入って法律を作ろうと考えた。何しろ現在は、将来世界連邦へ向かう過程にある主権国家の分立状況であるという現状認識があったから、立法権を持つ世界連邦の成立へ向けて法律を作っていく仕事が最も重要であると考えていたのだ。今でもこの考えが間違っているとは思わないが、世の中そう思い通りになるものではないことは、皆さんのご推察どおりである。

さて、とりあえず弁護士にでもなろうかという私の計画は、まず司法試験の壁に拒まれた。父が合格するくらいだからたいしたものでなかろうと思ったのだが、始めてみると、大変な試験だった。本郷の図書館にこもって勉強したが、なかなか勉強は進まない。どうも面白くないので、難しい顔をしながら取り組んでも1日に20－30ページしか読めず、1日5－6時間くらいしか勉強する気が起きなかった。1時間半－2時間を1セットとして、飽きると、本郷の医療器械街にあった「ソープ」という喫茶店に行った。私は毎日のようにここに通い、マスターとカウンターでおしゃべりをした。マスターはクラシックが好きで独断と偏見に満ちた勝手なことばかりいう人だったが、話が面白いので、色々な人が集まってきた。私は、本郷の法学部に行ってから、ホンダのスーパーカブの中古を買い、本郷の図書館を中心として文京区周辺を走り回っていた。こもって勉強しようと、大学の近くに月3万円の下宿を借りたこともある。ただし、4畳半で狭く、トイレが近くて夏になるとひどく臭かったので、お坊ちゃん育ちの私に長期滞在は無理だった。ある日暑くて目が覚めると、頭の横でゴキブリがカサコソとお皿のマヨネーズをなめていた。4畳半生活は1年も持たずに、石神井公園の実家に逃げ帰ったのだった。

1年ほど勉強した頃に、私は、司法試験の退屈さに負けて、法律の記号化に取り組み始めた。ドイツの法哲学者ケルゼンや、三島由紀夫によれば、法律は記号化が可能であるという。

私は、ただ面白くない法律書を読むことに嫌気が差し、それから1年かけて、法律を記号化したのだ。1年たった頃には、憲法、民法、刑法等が記号化され、私は独自の法体系を構築してしまった。その結果、私の記号化した法体系によりあらゆる複雑な法律問題について簡単に答えが出るようになった。しかし困ったのは、択一試験である。正解とされるものと、私の体系により出てくる答が微妙に異なるようになってしまったのだ。私は、だんだん択一試験の正解とされるものに納得できなくなり、勉強が嫌になった。司法試験は1年留年しても、2年留年しても受からなかった。2年留年した頃には、疲れてぼんやりする時間が増えた結果、勉強して身につく速度と忘れる速度が逆転し始めたことを感じるようになり、合格の見込みがなくなったことを認めざるを得なかった。

海外援助機関就職の失敗

2年留年して、司法試験の択一試験に落ちたとき、私は、司法試験の失敗を悟り、就職することにした。しかし、世界連邦や国際連合の夢はあきらめきれなかったので、海外経済協力基金か国際協力基金に入りたいと思った。ところが、国際協力基金にいくと、単なる海外への人材斡旋業でくだらないからやめておけといわれ、海外経済協力基金に行っても、大蔵省、通産省、外務省、経済企画庁の四省庁出身者支配であり、基金に直接入ったところで出世できるわけがないからやめろといわれた。皆自分のいる組織が大好きに違いないと思っていた私は先輩方の言葉にビックリした。それでも良いから何とか入れてもらえませんかといってお願いしてみたが、当時の私は英語ができなかったため面接で落とされてしまった。海外経済協力基金に落とされた頃には、民間企業はもう採用募集が終わっており、就職相談に乗ってくれそうな会社はなかった。

このときが私の人生の幸福曲線の最低点だったと思う。私は、25歳にして、司法試験に破れ、もうすぐ卒業しなければならないのに就職する会社がなかった。自分の非現実的な夢のために将来を失ったと思った。私は、両親には司法試験の勉強を続けているような顔をして自宅を出たが、何もやる気がおきず山手線に乗ってぐるぐる廻っていた。すべてを失ったつもりになり、階段を上る力すら湧かなかった。山手線の列車の出入口の脇にある手すりにつかまってしゃがみこみ、山手線の窓から外を眺めた。公園でぼんやりと日向ぼっこをしながら、このまま姿を消して浮浪者になりたいとホームレスにあこがれたこともある。当時の私には、どこにも行き先がなかった。

第2節　戦略コンサルティング会社ベインのおちこぼれ新入社員

戦略コンサルティング会社　ベインの来日

どん底でぼんやり寝転がっていたとき、ベインからお誘いのメールが来た。ベインは、ボストンに本社のある戦略コンサルティング会社である。ベイン氏は、ボストン・コンサルティング・グループに勤務したが、その後独立してベイン&カンパニーを設立し、当時は破竹の勢いだった。ベインは、その頃日本に来たばかりで、神谷町にアパートを借りていた。1983年のことである。これから日本事業を展開しようというところで、優秀な学生を採用しようと、東大、京大、一橋等、一流大学に就職セミナーを行うというダイレクト・メールを出したのだ。

当時の私にとって、ベインの就職希望者募集パンフレットはきらきら輝いていた。国際的戦略コンサルティング会社が、ホテルオークラで、説明会を行うというのだ。私は行き先がなく暇をもてあましていたので、就職説明会に遊びに行った。そうしたらアルバイトに来ないかという話になった。ベインも来たばかりでよっぽど困っていたのだろう。当時の私を誘うとはどうかと思うが、私としては他に行き場もなかったので、喜んでアルバイトを始めた。何をしているかよくわからないままにアルバイトをしていたら、フルタイムで働かないかという話になって、気がついたら、まだ大学も卒業していないのにベインに就職している自分がいた。当時、ベインは日本に来たばかりなので福利厚生ひとつなかったが、1ドル240円の時代だったので円の支払は楽だったのだろう。在学時代に手取りの給料が毎月30万円を超えていたことを覚えている。これが私のアウトサイダー人生の始まりであり、M&Aアドバイザー人生の始まりでもあった。

ベインは、当時1年に二度、世界中の全社員を集めて、ミーティングをしていた。はじめのミーティングはボストンで、2回目はサンフランシスコの郊外のパロ・アルトだった。飛行機の座席はビジネスクラスで、私は目を丸くしながらお上りさんのように周りを眺めてキョロキョロしていたものである。私はそれまで「国内派の人間」だったので、ボストンのミーティングは、私の初めての海外旅行だった。私はパスポートを取り、空港でウロウロし、飛行機の窓からもの珍しそうに外を眺めた。ボストンのホテルでオリエンテーションやセミナーに参加した後、新入社員はグループに分かれて記念写真を撮ることになった。写真の撮影場所について指示されたが、当時の私の拙い英語力ではよくわからなかった。とにかくみんなについていこうと思って集団の後をついていった。ところがはじめは大きな集団だったのに、街角ごとに別れていき、だんだん小さな集団になった。最後にはどのグループについていけばいいのかわからなくなり、とある街角でひとり呆然と立ち尽くした。ホテルにトボトボ戻ってみると、数人が行方不明の私を探していた。私のグループの記念写真撮影は私なしで終わったようだった。

神谷町のアパートから日比谷国際ビルへ

ベインは大変なコンサルティング会社だった。当時、ハーバードとスタンフォードのビジネススクールでもトップ10%しか採用しないと豪語していたベインは、アメリカでは破竹の勢いだったが、日本ではなかなか顧客を得ることができず苦しむことになった。はじめは神谷町でアパートを借りたが、日比谷国際ビルに綺麗なオフィスを借りて、業務を開始することになった。

英語ができないのは自分だけ…

当時のベインにいた日本人は、スタンフォード大学やMITでMBAをとったコンサルタントや、高校で留学していたり、上智の英語学科出身だったりといった英語ができる人ばかりだった。英語ができないのは私だけで、毎日私には意味不明の英語が飛び交い、日本の中のアメリカ基地のようだった。私の上司は、スタンフォードのMBAを持ったアメリカ人コンサルタントだった。日本語もある程度できたが、ちょっと変な日本語で、概数でやってくれというのを「丸い数字（Round number）でやって下さい。」というのだった。私は、みんながやっている仕事も、英語の指示も、経済も会計もコンピューターも意味が不明で自分が何をすればいいのかさっぱりわからなかった。

毎日、多くの雑誌、新聞記事を読み、パソコンをたたきながら、色々な分析をした。上司に言われるまま、顧客や業界について経験曲線を書き、ポートフォリオ分析を行ってみた。産業スパイのようだと思いながら、日本の工場に電話をして、コスト構造について質問したこともある。雇い主がアメリカの競争相手だということを言わず、市場調査なのでよろしくお願いしますといいながら、気のいいオジサンに工場のコストの数字を教えてもらうのだ。教えてくれるわけがないと思ったが、日本の暢気なオジサンたちは、すらすら教えてくれたりするので、ほっとすると同時に心配と罪悪感に襲われた。唯一救われたのは、結論として日本企業のコストが当時の雇い主であるアメリカ企業より、はるかに安かったことである。私がベインで働いていた1983－1984年当時は為替レートが240円くらいで、極端な円安のために、日本企業はアメリカ企業に対してははるかに高いコスト競争力を持っていた。

できないことをやろうとしたものの、私の無能が明らかになるまでにたいした時間はかからなかった。1983年の秋にベインにフルタイムで就職したときはまだ東大を卒業していなかったが、1984年の3月末に卒業したときには、もう私がベインで長いこと働けそうにないことが明らかになりつつあった。私は東大の法学部を卒業して、最も早く再就職を考えた男ではないかと思う。これは半分負け惜しみだが、再就職の必要性がでたのが年を取ってからでなく若いうちで幸運だったと思う。その後どうすれば仕事を探せるのかがわかったからだ。

第3節　ピッツバーグとメロン銀行の研修

メロン銀行東京支店でビザ待ち

ベインで使い物にならないと自ら悟った私は外資系の金融機関に入ることにし、履歴書を作成して手紙を書いた。当時は外資系の金融機関に新卒に近い東大の男性は入らなかったので、東大の法学部卒という肩書きが有効だったのだろう。驚いたことに、短期ではあったがベイン出身という経歴も役に立ったようだ。ほんの1、2カ月の間に、私は、外資系の金融機関からいくつかのオファーを獲得した。特に、メロン銀行とスタンダードチャータード銀行は、本社のピッツバーグやアジアの中心である香港で研修をしてくれるといってくれた。私はピッツバーグ本社で18カ月の研修をしてくれることと3万ドルの初任給を提示してくれたメロン銀行に入社することにした。このときメロン銀行の東京支店長だったダフィーさんは、どうして当時の私をこのように高く評価してくれたのだろうか。今となっては全く過大評価だったことは疑いを入れない。しかし、おかげで、私の海外人生がスタートできたのは確かであり、ダフィーさんには感謝している。

ピッツバーグに行くビザが出るまで、メロン銀行の東京支店で3カ月ほど滞在することになった私は、東京支店の資本市場部に配属された。ここは、「金魚鉢」と呼ばれ、支店のほかの業務から隔絶されて為替の取引と資金調達をするところだった。為替の取引は一本が100万ドルで、トレーダーは50本も100本も売買するということを知ったのはこのときである。勝つと戸棚に隠されたウィスキーが出てきて乾杯し、負けると悲しそうに歌を歌うトレーダーの人たちを見て私の目は点になった。マネーマーケットや為替のことを色々教えてもらい、勉強になる静かな日々だった。

ピッツバーグでの超高待遇

金魚鉢で何ヶ月か待つとアメリカ行きのビザが下りて、私はピッツバーグへと飛んだ。海外に住むのは初めてで私の心は浮き立っていたが、同時に不安でもあった。私の英語力は到底現地人と競争できるようなものでなかったからだ。

ピッツバーグは、当時Most Livable City（アメリカで最も住みやすい町）といわれ、メロン銀行のビルはBest Office Building（アメリカで一番のオフィス・ビル）といわれていた。私は非常に良い環境の下で生活していたことになる。ピッツバーグに着くと、まず住居の確保にかかった。国際部の若手バンカー（ヤッピー）は、皆シェイディー・サイドや、スクウォーラル・ヒルに住んでいると聞いて、私は、シェイディー・サイドにアパートを借りることにした。ピッツバーグのダウンタウンから高速バスで20－30分のところで、ジャイアント・イーグルというスーパーマーケットの裏手だった。私のアパートは、ワンベッドルームだったが暖炉があり、庭にはリスが走っていた。本社採用なのに、外国人として住居手当や、家具の手当て等がついていて、ベッドやソファー等の家具はすべてレンタルで調達した。私はほぼありえないような厚遇を受けていた。

ピッツバーグは、アリガニー・リバーとモノンガエラ・リバーが交わる三角州にあって、周りは丘になっている。丘の上にはクリフ・サイドというお洒落なレストランがあって、上品なおじさんがバイオリンを弾いていた。私の好きな料理はビール・ラファイエットという子牛肉の料理で、ブラック・オリーブとアーティチョーク・ハートを使う。これは後に私の得意料理となった。

ピッツバーグのメロン銀行本社ビルの隣はUSスチールの鉄でできた本社ビルだった。呉服橋の新日鉄の本社が鉄でできているようなものである。ある日USスチールは、USXに名前を変更した。皆が「なにそれ?」といって騒いでいたのを覚えている。

メロン銀行幹部候補生研修

私は、国際部に所属して幹部候補生研修を受けることになっており、ピッツバーグに到着してまもなく幹部候補生研修が始まった。私は、社内研修など半分勉強、半分酒盛りなのではないかと甘い期待をしていたのだが、まったくそうではなかった。同期は、メロン銀行で数年働いてきたか、アメリカの有名ビジネススクールでMBAをとってきた人々ばかりで、ナイジェリアをはじめ海外のメロン提携先銀行からの派遣者もいた。

カーネギーメロン大学のMBAコースの先生が会計やファイナンスを教え、ニューヨーク大学の先生が金融論を教えた。行ってみてからわかったが、幹部候補生研修とは半年勉強に集中するビジネススクールだったのだ。

会計は、私は一度もちゃんと勉強したことなどなかったが、ほかの参加者は皆良く知っていた。研修コース自体が、参加者が良く知っている会計基礎理論の銀行業務への応用として想定されていた。会計など何も知らない私は、1日12時間勉強しても、宿題が半分終わらなかった。1日12時間の勉強を、1週間ほど継続したところで、頭がガンガンして吐きそうになった。例年10％ほどは落第させるということで、同期は皆怯えており、私を助けてくれそうな同期はほとんどいなかった。唯一、カナダから来たジョンが、親切に教えてくれようとしたが、私には彼の英語がわからず、教えてもらうこともできなかった。私はついに泣きを入れて、ギブアップを宣言した。ジョン、ごめん。

そのときメロン銀行の国際部は私に、お前の英語力ではこれ以上無理だからもうやめて日本へ帰れといった。幹部候補生として採用し、幹部候補生研修について行けない以上、あきらめたほうがいいというのだ。まったくもっともな考えだったが、せっかく渡米してきた私は、ここで引き下がるわけにはいかなかった。どの程度の英語力かを確認するためにＴＯＥＦＬを受けてみたら、５００点あまりしかなかった。５５０点取れないと、アメリカの大学は学生を受け入れない。ちょっとまともなビジネススクールは少なくとも６００点が必要だ。私は、問題を英語のせいにし、英語力が改善して人並みになるまで銀行内の簡単な仕事をやらせてくれるように頼んだ。国際部の人事担当者は、私の英語力でできる仕事など銀行の中にひとつもないといった。私は粘り、ついに、半年後の次の幹部候補生研修が始まるまでにＴＯＥＦＬで６００点以上取れば、次の研修に入れてやるという言質を人事担当者からとった。今の私が当時のメロン銀行の人事担当者の立場に立ったなら、「ふざけるな、何を甘えているのだ。お前の英語ができないのはお前の責任だ。いいから日本へ帰れ。」といって怒鳴りつけているかもしれない。今でも当時の甘えた自分のことを考えると恥ずかしくて赤面してしまう。

さて若干の猶予期間を確保した私は、アジア太平洋地域の審査部で、財務諸表のアナリストをすることになった。この仕事は、顧客の有価証券報告書を見て、貸出審査担当アナリストがする審査のための財務諸表を銀行のコンピューターに入力するアシスタントのような仕事だった。アジア太平洋地域の審査部のマネージャーはジョーン・チャンといって韓国人の女性で大変に親切な人だった。同じ財務諸表のアナリストとしては、カリーナという女の子がいて、仕事を教えてくれた。

追い込まれた私は必死に英語を勉強してＴＯＥＦＬで６３０点を取り、幹部候補生研修に復活した。ピッツバーグではスピーカーがガーガーして聞こえず、リスニングの点が悪かったので、TOEFLを受けにわざわざチャールストンまで行ったこともある。

英語力を改善して幹部候補生研修に復活したものの、中身もまったくわかっていなかったためコースの勉強は大変厳しかった。ほぼ半年間に渡り毎日12時間くらい勉強した。司法試験のときにあれだけ勉強すればなんとか合格していたかもしれない。幹部候補生研修を乗り切れたのは、実は日本で学んだ数学のおかげだった。メロン銀行の研修コースの先生たちが私を落第させるべきか検討していたときに、企業財務の試験で私しか解けない二次関数の問題があったのだ。アメリカ人は数学が得意でない。私は日本人だったので二次関数のグラフを書いて問題を解くくらいのことはできた。おかげで私は「こいつはひょっとするとまんざら馬鹿ではないかもしれない」という評価をはじめて受け、何とか最後まで終了させてもらえることになった。冷や汗のサバイバルだった。

このときの研修は私にとっては1回目のビジネススクールだった。会計、財務、経済等の基礎理論を銀行の見地からしっかり叩き込まれたおかげで、あとでロンドン・ビジネス・スクールに行ったときに大いに助かることになった。おかげさまで、リチャード・ブリーリーのコーポレートファイナンスの教科書を理解し、HP12Cの計算機でプロジェクトの正味現在価値（NPV：Net Present Value）がプラスかどうかの計算ができるようにはなっていたのだ。

アジア太平洋地域審査部での出会い

幹部候補生研修を乗り切ると、仕事は融資やプロジェクトの審査になっていったが、これはそれほど大変なものではなかった。業務は早めに終わり、私は、パーティーに行ったり、公園でテニスをしたり、社会人大学で勉強したりした。ピッツバーグには日本のお医者さんたちがたくさん研修に来ていて、そのうち何人かの先生とはよく公園でテニスをしたものである。このとき良くテニスをした奥野夫妻はおふたりとも耳鼻科だったが、耳がよく聞こえなくなった母が旦那の方に大変お世話になっているようである。

私がメロン銀行の中で当時親しかったのは、やはりアジア人が多かった。シェイディー・サイドで向かいには、韓国人のヒョージュン・バン（Hyojin Bang）とヘレン・チョー（Helen Cho）が住んでいた。ヒョージュンはサンダーバードでマスターを取ってメロン銀行に来ていたが、当時はそれほど仕事ができるともいえず、自分よりさらに仕事のできない私に同情してくれたようである。後にヒョージュンは、ロンドン、東京、香港、シカゴ、ソウル等で投資銀行を転々とし、韓国ハナ銀行の投資銀行業務担当の副頭取になった。ヘレンは若い娘だったがウォルトン出身の秀才だった。ボスのジョーン・チャンには、審査レポートはヘレンが書いたものを手本として書くように言われていた。ヘレンは後に弟の開発した連結経営ソフト（後のハイペリオン）を売り歩いて大成功し、ハイペリオンのアジア太平洋地域担当のシニア・ディレクターになった。

シェイディー・サイドの近くのウォルナット・ストリートには、フォリピンから来たビンス・ペレスが住んでいた。ビンスはフィリピン大学を経てシティーバンクに少し勤め、ヘレンとウォルトンで同期だった秀才だ。メロン銀行でもラテンアメリカにおける債務の株式化で稼ぎ頭だったが、後に投資銀行のラザールフレールで、アジア人として初めてのパートナーになった。私と同年齢だが、数年前から、フィリピンのアロヨ総理大臣の右腕として、エネルギー省大臣を務めている。

メロン銀行にはマリア・テレーズというオーストリア出身の女性もいて、ピッツバーグのウーマンリブ協会の会長だった彼女は、ハプスブルク家の出だといわれていた。ピッツバーグ大学の夜の社会人大学で行われる無料の英語の勉強には、色々な国から集まっていたが、その中には、ネパールからの留学生がいて、本人はゴータマ・シッダルタ（仏陀）の末裔だと主張していた。こういったハプスブルク家だとか、ゴータマ・シッダルタだとかいう話は、すべてが本当とはちょっと思えないが、完全に否定しきれないのがアメリカの怖いところである。

国際部の破綻から世界一周旅行へ

アジア・パシフィックのリスク審査部における私の業務がようやく落ち着いた1986年の秋頃だった。突然大変な噂が飛び交った。メロン銀行が海外金融機関との連絡業務を除いて、国際業務から撤退することになりそうだというのだ。メロン銀行は、国際業務はどちらかといえば後発で、シティーバンクや、JPモルガン銀行の後を追って海外展開し、大手銀行が主幹事を務めるシンジケート・ローンに参加するのが主要業務だった。当時ラテンアメリカでは多くの貸し出しが焦げ付き、不良債権に対する大きな引当が必要と考えられていた。一方アメリカ国内では、メロン銀行はフィラデルフィアのジェラルド銀行を買収したが、買収した後で大きな不良債権の山を発見したらしい。これに加えて、東京支店では、為替の取引でUS$15百万の損失が出ていた。トレーダーははじめの損失を隠し、何とか補填しようとして傷口を広げ、発覚したようだった。このような数々の問題に対して、銀行を守るために、国際部門の事業は閉鎖するしかないというのだ。私ははじめのうちは「そんな馬鹿な。」と半信半疑だったが、次第に噂が真実であることが明らかになっていった。せっかく大変な思いをして幹部候補生研修を乗り切ったのに、ピッツバーグ本社からアジア太平洋地域の支店を転々とし、東京に戻って活躍するという私のささやかな夢は泡と消えようとしていた。

まもなくメロン銀行の国際部閉鎖の方向性が定まり、私は東京へ戻る飛行機のチケットを買ってもらって、退社することになった。このとき、私が思いついたのが、MBAの取得である。メロン銀行では、空職案内リストというのが時々廻ってきていた。これはそのとき空いているポジションに行員は手を上げて応募することができるというものである。日本の銀行は人事が次のポジションを決めていくが、自由の国アメリカでは、次の仕事は自分で応募して決めていくのである。もちろん採用側がOKしなければその仕事には就けないが、私にとっては自分で自分のキャリアを決めていけるというのは、大変な驚きだった。ただ、私が常々不満だったのは、面白いチャレンジングな仕事はすべてMBAが必要とされるか、MBAが望ましいとされていることだった。日本では東大の法学部を卒業して、学歴で差別されることはなかったのに、アメリカでは、MBAを持っていないと一人前ではなく、将来のキャリアでずっと差別されうるということがわかったのだ。したがって、この頃の私には、MBAを取得したい気持ちが強まっていた。メロン銀行にはお世話になったのでそうも行かないだろうと思っていたら、突然国際部閉鎖の話になったというわけだった。私にとっては果たさなければならないと思っていた義理が突然消え、MBAを取りにビジネススクールにいく自由が突然手に入ったというわけだ。

東京へ戻る飛行機のチケットは、その後世界一周チケットに化けた。同じ値段で、世界一周をできることがわかったため、パンナム、キャセイパシフィック、ユナイテッドの3社が提携した世界一周チケットに変更したのだ。世界一周は、すべて東回りか、すべて西回りを選択しなければならない。ハブには戻ることができるが、目的地は徐々に東に行くか西にいくかどちらかにしなければならないのだ。私は東回りを選んだ。この結果、ピッツバーグから東回りでロンドンに飛び、ロンドン・ビジネス・スクール（LBS）の面接を受けた。その後フランクフルトをハブとしていたユナイテッドでヨーロッパ数カ国をめぐり、インドに飛んでゴアで休んでからシンガポールにたどり着いたときにロンドン・ビジネス・スクールから合格通知が来た。父には早く帰れといわれたが、せっかく買った世界一周チケットなので、シンガポールの後も、香港をハブとするキャセイでアジア数カ国を廻った。世界一周をしたとき、アムステルダムで強盗に遭い、ポーランドでイラン人の亡命を助け、ゴアで横領にあって、バンコックでは詐欺にやられた。騙されやすい私のドタバタ道中は細かい話をすればそれなりに面白い話なのだが、ここではあまり関係ないので省くことにしよう。

第4節　ロンドン・ビジネス・スクールのMBA

ケンブリッジのサマースクール

ケンブリッジではサマースクールがある。LBSが秋から始まるということだったので、私はビジネススクールの始まる前の夏をケンブリッジのサマースクールで過ごすことにした。私が宿泊したのはシドニー・サセックス・カレッジである。部屋は3階で、部屋から屋根に出られるようになっていた。

ケンブリッジにはケム（Cam）川が流れている。ケム川に架かる橋だからケンブリッジ（Cam Bridge）なのだ。ケム川には棹をさして進む船がある。この船をPuntと呼び、この船で遊ぶことをパンティング（Punting）という。サマースクールでは、ヨーロッパの歴史だとか政治経済のコースを取った。アメリカからヨーロッパに来たところだったので、ヨーロッパの基本が知りたかったのである。スクールには世界中から老若男女が参加していた。フランス語の影響力が落ちていると怒るフランス人のおじさんやワインが大好きなイタリア人のおばさんなどがいた。金髪の可愛いフランス娘やオーストリアの女の子もいた。日本人は、年下のボーイフレンドと一緒だった女の子、北海道の着物問屋の娘、日本人より外国人の好きな京都女子大出身の女の子や英語のできない大学の英語の先生等がいた。都立大の女の子やナショナル・ウェストミンスターの投資銀行部門（County Nat West）に入るという女の子もいた。毎日楽しい英語の講義を聞いて、パンティングをしながら世界中の可愛いお嬢さんたちとパブでラガーやビターを飲んでおしゃべりする夢のような日々だった。ラガーは冷たい色の薄いビール、ビターは生ぬるい色の濃いビールである。ハーフパイントか1パイントのグラスを注文する。私ははじめ、イギリスでビターを飲んだときに、日本人だから馬鹿にして生ぬるいビールを出してくるのかと疑ったものである。慣れればビターもなかなかおいしいものである。

ロンドン・ビジネス・スクール（LBS）の寮生活は楽しかった

1987年の9月にロンドン・ビジネス・スクール（LBS）が始まり、私は寮に入った。

寮で私が一番親しくなったのがデービッド・コトラーである。彼は私とともに卒業後投資銀行に就職した唯一の同窓生である。今ではラザールブラザースの石油部門を担うマネージングディレクターになっている。デービッドはユダヤ人だったが、デービッドの父親がカナダの上場企業をいくつか持っていたため、デービッドはビジネススクールに来る前に上場企業の役員をやったこともあった。デービッドの父親は一般の日本人の常識をはるかに超えたビジネスマンで、ある日突然マグロ船団を仕立ててマグロを取りに行き、日本の総合商社に売りさばいて儲けるといったスケールの大きい人だった。

アレックス・フーという、LBSとしてははじめての中国大陸からの留学生もいた。アレックスは共産中国から来たので、営利目的の資本主義が気に食わず、なぜ株主の利益のために経営者や従業員が働かなければならないのか納得できなかった。私は同じアジア人として彼の文句を毎晩延々と聞いてあげたが、彼はLBSで勉強している以上、資本主義を受け入れざるを得なかった。私は中国もどちらかといえば市場主義に向かっていることを説明し、アレックスがLBSで勉強することにより必ずや将来、市場主義を受け入れた中国のリーダーになることを話してアレックスのやる気を出させようとしたものだ。しかしアレックスは私が何を言っても心からは受け入れられないようで、ぶつぶつ言いながら中国包丁を振り回し、毎晩中国料理を作っていたのだった。

LBSの寮では、毎日朝から晩まで勉強をしていた。メロン銀行の研修で懲りていたので、学べるものはすべて学ぼうと思っていた。寮はベイカーストリート駅のそばのリージェンツ・パークに面したきれいな白い建物だった。メロン銀行で会計、財務、経済等を一度勉強していたため、ＬＢＳの勉強は内容も良くわかって楽しめた。寮ではわからないことがあると周りの仲間に聞けるし、前年の試験問題が解答付きで回覧されてくるので、中間試験や期末試験で特に困ることもなかった。私の人生でこれほど勉強を楽しんだことはなかったと思う。

サマーインターンに挑戦

１９８８年の夏に、私はデービッド・コトラーと共に、ＣＳＦＢでサマーインターンに従事した。他の日本人は会社派遣だったので夏休みは遊びまくっていたが、私は自費だったので、多少は稼がなければならなかった。また卒業後の就職を考えて、就職したい先にインターンをしたかったのである。その頃私は、卒業後は投資銀行に就職してＭ＆Ａのアドバイザーになろうと考えていた。１９８０年代末といえば、日本ではバブルが発生し、土地株価格の上昇のおかげで、世界中が儲かる日本ビジネスをやりたがっていた。アメリカの投資銀行やイギリスのマーチャント・バンクは、ニューヨークやロンドンにジャパン・デスクを置いて、日本の顧客にサービスを提供しようとしていたのだ。外資系の金融機関はいい人を採用したいのにそういった人材はなかなか外資には就職せず、ちょっとでも役に立ちそうな人材は引っ張りだこになっていたのだ。

当時のヨーロッパは、1992年のEC統合を控えて、EC内企業の再編成が進んでいた。デービッドと私は、わかりやすいところでヨーロッパの食品業界を選び、セクターごとにどの会社がM&Aのターゲットとなりそうかを分析した。

当時のロンドン・ビジネス・スクール

当時のロンドン・ビジネス・スクールは、1学年当たり100人くらいしか学生がいなかった。そのうちイギリス人が7割ほどで、外国人は3割しかいなかった。アメリカの主要ビジネススクールは1割くらいしか外国人がいなかったので私はそれにくらべればLBSは大変国際的なビジネススクールだと考えていた。

しかし、私が卒業した後に、アメリカからローラという校長がやってきてロンドン・ビジネス・スクールを大改革した。定員を2倍にして、外国人をイギリス人より多くしたのである。それまでどちらかといえば1年制のインシアード（フランスのビジネス・スクール）やIMEDE（スイスのビジネス・スクール）に押されていたLBSは、ローラの改革によって、ヨーロッパで一番、世界でも毎年のように5本の指に入るようなビジネススクールへと成長を遂げた。今では1学年に300人、90%近くが50カ国からやってくる外国人である国際的なビジネススクールとなっている。

第2章

M&Aアドバイザーの日々

第1節　グローバル投資銀行ＣＳＦＢの日々

ＣＳＦＢロンドンの実力

私は１９８９年にＬＢＳを卒業してクレディ・スイス・ファースト・ボストン社（CSFB：Credit Suisse First Boston Limited）に入社した。ＣＳＦＢはスイスの３大銀行の１つクレディ・スイスと、アメリカの投資銀行御三家の１つファースト・ボストンの合弁会社で、当時はロンドンのオクスフォード・サーカスに本社があった。

当時のＣＳＦＢは、ユーロ債の発行引受額１位の地位を野村證券と争い、当時伝説的なＭ＆Ａバンカーだったワッサースタインとペレーラを擁すファースト・ボストンはＭ＆Ａのグローバルランキングの１位だった。

私はＬＢＳを卒業するにあたってＣＳＦＢをはじめイギリスのマーチャント・バンク、戦略コンサルティング会社、アメリカの商業銀行、会計事務所の５カ所からオファーをもらい、一番入りたいところとしてＣＳＦＢに入社した。今から思えば、バブル全盛期の外資系金融機関の日本人買いニーズに対してＭＢＡとしてロンドンの市場に出たのが私だけだったので、過大な評価がされたのだろう。私より成績のよいイギリス人同級生が当人たちの熱望にもかかわらず誰もマーチャント・バンクに就職できなかったことを見ても、投資銀行による私の評価と採用意欲は単なる時代の流れであったことがわかる。私が就職活動をした1988－1989年にかけては日本におけるバブル発生の時代だった。この頃は日本の土地総額が1年当たり300兆円、日本の株価総額が1年当たり200兆円上がる時代で、日本はバブル景気に浮かれていた。欧米の有力投資銀行は日本相手の商売をやるためにジャパン・デスクをロンドンやニューヨークに設けて日本関連のビジネスを推進しようとしていた。その後バブルの崩壊につれて、ジャパン・デスクは消えていった。

ヨーロッパの統合と日本の関与

1989年に私がロンドン・ビジネス・スクールを卒業後にアソシエートとして配属されたのは、CSFBのM&A部門だった。当時のCSFBロンドンのM&A部門には、ヨーロッパの各国代表が集まっていた。フランス代表をマネージングディレクターとして、ドイツ、イタリア、イギリス、オランダ、北欧等でディレクターやバイス・プレジデントがいて各国関連のM&Aをカバーしていた。ちなみに、欧米投資銀行の場合、4年制の大卒でアナリスト、MBAをとって入社するとアソシエートになり、その後2－3年刻みで、シニア・アソシエート、バイス・プレジデント、ディレクター、マネージング・ディレクターと昇進していく。

1989年当時のヨーロッパは、1992年のEC統合に向けた業界の再編が盛んに行われていた。市場が統合されるということは、これまで国で一番だった企業が、統合ヨーロッパ市場に向けて規模を拡大し、さらに強くなりたがるということだった。このころは差別化戦略よりも規模を拡大してコストを下げる戦略が好まれたため、ヨーロッパ各国の強い企業が他国の大手を買収する動きが頻繁に見られた。

このようにヨーロッパの業界再編が進み、アメリカ企業は大西洋を超えて再編に参加していたが、日本の関与は少なかった。ターゲットがフランスの企業ならフランス、イタリアの企業ならイタリア国内の売却が最優先された。国内で買い手がいなければその次はヨーロッパ内部の企業で、どうしても駄目なら大西洋を越えてアメリカ企業に売却する選択肢を考えるというのが当時の考え方だった。日本企業や、中東企業はよっぽどの理由がないと売却対象先候補にならないのだ。私は、重要な企業が売却されるときに、不思議に私には相談されないことに気がつき始めた。私がまだ素人なので危ないと思って隠していた面もあるかもしれないがそれだけではないと思う。意思決定が遅く良くわからないイメージがあった日本企業は、ヨーロッパ企業にとって、好まれる買収者ではなかったのだ。私は日本企業のイギリス企業との提携に伴う少数株式の買増し取引や、スイス企業の買収を仕掛けたりしたが、提携はできても支配権の取得を伴う買収はなかなか進まなかった。

実現したかった中東企業の公開買付

私がはじめて公開買付を試みようとしたのが、中東企業による上場イギリス企業の買収案件である。私はアソシエートとして、イギリス人のバイス・プレジデントであるエリック・ウリー氏（Eric Wooley）の下で、企業価値評価をし、買収のストラクチャーを考え、弁護士とイギリスの証券取引法に触れない方法を検討した。エリックと共に顧客のところへ行くと、よろしくといって、バレンタインのウィスキーをくれたことを覚えている。

ただ、この買収は実現しなかった。ＣＳＦＢの中でも敵対的案件に対する迷いがあり、ターゲットの経営陣が嫌がって無理をすれば敵対的買収になることがわかった段階で取引は動かなくなってしまったのだった。イギリス人たちは、イギリスの公開企業の支配権を中東企業に渡すこと自体、気がすすまなかったようだ。私ははじめて公開買付に関わった日本人になりたかったのだが、私がやりたくても、会社が動かないのではあきらめるしかなかった。

ロンドンにおけるM&Aアドバイザー人生の終わり

あるときアメリカからやってきたマネージングディレクター（ＭＤ）の下で、Ｍ＆Ａグループのミーティングが開かれた。そこで若手の１人が余計な質問をした。日本とヨーロッパの間のＭ＆Ａを事業機会としてどう見ているかというのである。そのＭＤは、日本とヨーロッパの間のＭ＆ＡはＣＳＦＢとして追いかけても仕方がないと思うといった。なぜなら日本の主要証券会社とアメリカの投資銀行が組んでおり、いまさらＣＳＦＢがこれを追いかけてもあまり勝ち目がないというのである。確かに、ファースト・ボストンのエース・コンビだったワッサースタインとペレーラが辞めてワッサースタイン・ペレーラという会社を作り野村證券と提携していたし、他にも日米間で協力関係ができつつあった。しかし、日本とヨーロッパの間の主要Ｍ＆Ａは、ほとんどイギリスのマーチャント・バンクによってアドバイスされていた。今では大手銀行に買収されてしまったＳＧウォーバーグ、クラインワート・ベンソン、モルガン・グレンフェル、シュローダー等が当時は頑張っていたのである。私はしばし躊躇《ためら》った後に、イギリスのマーチャント・バンクが今は頑張っているが、ＣＳＦＢも参入可能である点をＭＤに指摘した。日本とヨーロッパの間のＭ＆Ａをやらないということにされては私がロンドンにいる意味がなくなってしまうからである。しかし、そのＭＤは石油業界で「キング」と呼ばれる大物で、「Ｍ＆Ａ取引リストのここからここまでは俺の取引で、お前たちは皆俺の稼ぎで食っているのだ。」と公言しているような人間だった。彼は、１９８０年代のＭ＆Ａブームが一段落して人手が要らなくなったアメリカから、ＥＣの統合ブームが始まろうとしているロンドンへ手下を連れてくるために、ロンドン事務所で言うことを聞かない人々をどんどん首にし始めていたところだった。キングに逆らった私がそこでそのまま生きていけるはずはなかった。その晩、そのＭＤからＣＳＦＢの東京支店長に電話が入り、私はＭ＆Ａ部門から外されてユーロ債の引受部門であるジャパン・デスクに行くことになった。首にしろというキングの提案を、もったいないからといって東京支店長は断ってくれたようだった。新しい私の行き先は、オクスフォード・サーカスのCSFB本社ビルの同じ3階ではあるが、M&A部門と反対側にある引受部門だった。

ジャパン・デスクも追い出され…

ジャパン・デスクは、日本企業のユーロ債発行の引受に関する営業を担当していた。しかし、ヘッドのディレクターはどうもM&Aにも興味があったようだ。私にユーロ債引き受けの資料を作成させる傍ら、M&Aの資料も作らせて、日本顧客に話をしかけようとしていた。

ある日、日本顧客と晩御飯を食べてヨーロッパ戦略の話を聞くことになった。その顧客が帰った後、イギリス人のディレクターは、「どう思うお前？　あいつ何をいっているかまったくわからなかったな。」といった。確かに顧客の英語は下手だったので何を言っているかよくわからなかったのだ。ただし、私は同じ日本人の悪口を言われたようで気になったため、「あの人は英語が下手なのでよくわかりませんでしたが、日本語で話せばそれなりのことは考えていると思います。」と余計なことを言った。その途端に、ディレクターの顔色が変わったのがわかった。「お前は誰のために働いているのか？　俺かそれとも日本企業か？」うっ、怒らせちゃったかなと思ったものの、当時私は世間知らずの馬鹿だったので「もちろんあなたが私の上司なので言うことを聞きますが、国際的なサービスを提供している以上、日本の顧客のことも尊重すべきだと思いました。」と言った。この生意気な言い草に上司は完全に切れた。「もうお前の面倒なんか見てやるのはやめた。そんなに日本企業が好きなら明日から野村にでもいけ！」と叫んだ。野村はユーロ債の引受で当時のCSFBの直接の競争相手だったのだ。私はショックで言葉もなく立ち尽くした。そこでありがたいことに、彼の後輩であるオクスフォード出身の女の子が泣きながらディレクターの上司に対して「あまり理不尽なことを言わないで。」と宥めてくれたのである。おかげでその場は収まったが、私はM&A部門に続いてジャパン・デスクも追い出されて東京支店に身柄を移管されることになった。

この2回のCSFBロンドンにおける経験を通じて、外資系では日本企業のためという理屈は通らないということが身にしみてわかった。私の人事権を握っていたのは顧客でなくて仕事の上司であった。一人前でなかった私は日本の顧客のための意見を問われていたのではなく、上司に従うことを求められていた。外資系は合理的だという幻想があるようだが必ずしもそれは正しくない。属人的な徒弟制度の下で、私は徒弟もしくは奴隷として振舞うことを期待されていたのに期待外れだったということだ。

ファースト・ボストン東京支店に転勤

私がファースト・ボストンの東京支店に移ったのは、1990年の1月である。東京支店ではＣＳＦＢロンドン就職時に私を採用してくれた東京支店長は他の外資系投資銀行に移籍してしまいすでにいなかったが、Ｍ＆Ａ部門に所属させてもらえることになった。当時、東京支店は日比谷交差点の朝日生命日比谷ビルの中にあり、投資銀行部門は4階にあった。皇居が良く見えるところである。アメリカから帰りたての可愛い秘書の女の子が、「こんなところに古墳があるんですね。」とつぶやいたのを聞いてビックリしたことを思い出す。彼女は東京が初めてで皇居というものを知らなかったのだ。

ファースト・ボストン東京支店の支店長はＭ＆Ａ出身のアメリカ人で、投資銀行部のヘッドも兼務していた。投資銀行部門が日本企業顧客をカバーし、引受部門とＭ＆Ａ部門がプロダクツ部門としてこれを支えていた。投資銀行部門には、伊藤さん、宮本さん、シャーマン阿部、野坂さん等がいて、Ｍ＆Ａ部門には、クリス・マザーシル、藤井さん等アメリカ人と日本人を合わせて10人あまりがいた。引受部門にはイギリス人のチャールズ・ハーマンやクライブ・ガリバー等がいた。

ディミートリーとヨーロッパのブランド

当時クレディ・スイスの東京支店に、ディミートリー・ディミトリアデス（ＤＤ）という男がいた。ＣＳＦＢはクレディ・スイスとファースト・ボストンの合弁会社なので、クレディ・スイスと協力しようということになり、ＤＤと一緒に顧客へ営業をして歩いた。ＤＤは六本木にあったチキンの丸焼きと、コージーコーナーのプチ・ケーキが大好きで、パーティーを開いては、チキンとプチ・ケーキを食べまくっていた。

DDはもともと高級時計で有名なマダム・ショパールと親しかったためにヨーロッパの社交界に出入りして、有名ブランドのオーナーや社長の妻や娘と親しくなることが得意技だった。ギリシャ人なのだがドイツで心理学の博士号を取得しており、コミュニケーション能力が非常に高かった。DDと話しているうちに、もうこの会社を売ってしまおうと思うブランドオーナーは多かったようで、信じられないような有名ブランドが買収できるという話があっという間につみあがった。ピエール・バルマンやカール・ラガーフェルト等もDDのお友達である。DDはあらゆるところで可愛いお嬢さんにちょっかいを出すのでインドの王族の娘に飛行機で追いかけられていたこともあったようだ。日本企業の経営者も、難しすぎずちょうどいいボキャブラリーの英語で話すDDの話に乗せられて、すっかりその気になることが多かった。

リージェント・ホテル・チェーンのフォーシーズンズ・ホテル・チェーンへの売却取引

1991年の暮れ頃のことだったと思う。ファースト・ボストンの不動産部門から、日本長期信用銀行のために、リージェント・ホテルを売却しようという話が振ってきた。不動産部門は当時草刈さん（KK）というモルガンスタンレーから来た不動産取引では有名なディレクターをヘッドに、布部さんという宇部興産からきてくれた賢いアソシエートとエリックの3人で構成されていた。仕事はKKが長銀の古川さんからいただいたもので、古川さんは長銀の破綻後、西武池袋デパートの証券化をきっかけにアセットマネージャーズという会社を大成功させて大金持ちになった。

当時、リージェント・ホテル・チェーンのマネジメント会社の過半数は不動産開発のEIEグループが持っており、長銀としては、EIEグループに対する融資を回収するために、リージェント・ホテル・チェーンの持株を他のホテル・チェーンに売却しようとしたのである。このとき取引は2つあった。リージェント・ホテルのマネジメント会社の株をまとめてフォーシーズンズ・ホテルに売却する取引はファースト・ボストン側では私が担当することになった。もうひとつリージェント・ホテルとフォーシーズンズ・ホテルのホテルをそれぞれ数ホテル所有させる合弁会社を作る取引があった。この取引のために走り回っている間は、香港でベストといわれる九龍のリージェント・ホテルのいい部屋に泊めてもらったり、バリの海岸に新築中のリージェント・ホテルのデューディリジェンス（買収監査）に行ったり、なかなかできない結構な経験をさせてもらった。今はもう亡くなられた長銀の老田さんと、トロントのフォーシーズンズ・ホテル本社や香港に交渉に行ったりしたものだ。このとき、フォーシーズンズを相手として考えていいかどうかを長銀が検討したいという話になり、メロン銀行時代の審査部時代にいつも書いていたような審査レポート類似の報告書を、長銀に提出した。メロン銀行の経験も多少は役に立ったようだった。

　この取引が無事に終わり、日本企業のブラジル・オペレーションの戦略的選択肢の評価等を経て、私は32歳でシニア・アソシエートからバイス・プレジデントに昇進した。ファースト・ボストンのオフィスは朝日生命日比谷ビルから城山ヒルズに移り、私の個室は25階で窓からの見晴らしが良かった。バイス・プレジデントというのは日本人には理解されにくい言葉で、日本人から見るとかなり偉く見える。ファースト・ボストンの中ではやっと一人前になった程度の話であるが、今から考えれば仕事も中途半端なくせになんとなく偉くなったような気がしたものである。その後投資銀行部門に移り、証券化や銀行の自己資本充実を支援しようとしたが、なかなかうまくいかなかった。

第2節　アジア専門投資銀行ペレグリンの日々

急成長していたペレグリン

　ペレグリンは、香港に本社を置くアジア専門の投資銀行である。１９９７年のアジア危機によって１９９８年に破綻したが、設立から7年ほど連続して毎年売上が２・５倍に成長し、つぶれる前の売上は2兆円を超えていた。設立者はもともとシティーバンクの香港にいたフィリップ・トーズとフランシス・リョンで、フィリップが会長として株の投資を担当し、フランシスが社長として投資銀行部門を担当していた。後にリーマンブラザーズからアンドルーを採用し、債券部門を高成長させた。

ペレグリンは、引受の意思決定の速さで中国の上海B株、深圳B株、香港H株、香港に上場する中国本土企業であるレッドチップ等の株式上場（IPO：Initial Public Offer）では他を圧倒していた。債券の引受でも、インドネシア・ルピー、タイ・バーツ、マレーシア・リンギの3通貨の現地通貨建て債券では半分以上のマーケット・シェアを持ち、急成長していた。

東京支店の開設と初代投資銀行部長

ペレグリンは1995年に東京支店の開設を決め、もと野村でゴールドマンサックスの株式部長だった島尾さんを支店長に決めていた。東京支店には、株式部門と債券部門のほかに、投資銀行部門を置こうということになっていた。私はファースト・ボストンの東京支店でバブル崩壊後のリストラ取引を繰り返し、そろそろ成長する市場で前向きの商売がやりたくなっていた。そこで志願してペレグリン東京支店の初代投資銀行部長を務めることになった。私の上司は、香港の投資銀行部門のディレクターであるフランク・スレビンと、イギリス人のマネージングディレクターであるフレッド・キンモスだった。

投資銀行部門を始めたときは私1人で、まず香港にいって競馬場の近くのハッピーバレー

(Happy Valley) にあるアパートに3カ月ほど滞在した。戻ってから女性を2人採用して手伝ってもらった。2人とも英語はぺらぺらだし大変優秀だったので助かった。このときペレグリン投資銀行部のホームページを作ったところ、うちの可愛いお嬢さん方の写真を入れたおかげか、一瞬証券業界でトップに躍り出たことがある。残念ながら、その後忙しくてコンテンツを追加しなかったため、わがホームページのランキングはあっという間に没落していった。当時は日本国内の証券の販売には各種の規制があり、ペレグリンが主幹事として引き受けてくる株式を日本の投資家に販売しようとすると、証券取引法上の届出と外為法の届出を事前にする必要があった。香港にはあまり感謝されなかったが、あまり人気がなくて売れそうもない株式ほど、香港の引受部門から日本でも売りたいから届出を提出してくれといってくるので困ったものだった。人気が高い株は面倒な届出をしてまで日本で売ろうとはしてこなかった。このように、面倒な規制があると、日本に来る必要のない人気のあるものは日本に来なくなるということを私は痛感した。

中国合弁会社の中国パートナー上場

ペレグリンは中国企業の香港上場（H株）、深圳上場（B株）、上海上場（B株）の主幹事の獲得では世界でも一番だった。モルガンスタンレーやゴールドマンサックス等は、ニューヨークで決める必要があるが、ペレグリンは、会長のフィリップと社長のフランシスがＯＫ

といえば、決まってしまうのだ。コンプライアンス上の問題がなかったのかどうか今では心配だが、違法なことに手を染めていたわけではまったくないと思う。株主にＣＩＴＩＣ、華僑の長江グループの総帥李嘉誠やホープウェルのゴードン・ウー等がおり、当時は中国政府とつながっているので中国企業のＩＰＯの順番を決められるのであるという噂がまことしやかに囁かれていた。

私は、東京支店の投資銀行部長として、ペレグリンの引き受けた上場対象会社の戦略的パートナーに株式を売却することになった。たとえば、スズキ自動車が合弁会社としてやっていた重慶長安汽車の中国側パートナーの深圳上場にあたってスズキ自動車に株を買ってもらったり、シャープが合弁会社としてやっていた南京パンダ電子の中国側パートナーの上海上場にあたってシャープに株を買ってもらったりした。スズキやシャープは、合弁会社そのものが上場するならともかく、中国側が上場するのになぜ金を出さなければならないのかと言って渋ったが、中国政府が裏にいて合弁事業を継続したいなら買えと言うようにほぼ強制に近いやり方をしていたため、スズキやシャープにたいした選択肢はなかったようだ。

バングラディッシュに投資銀行チームを設立

ペレグリンはバングラディッシュに、一時的に最強の投資銀行チームを作った。モルガンスタンレーで投資銀行部門のマネージングディレクター（ＭＤ）をしていたルナ・アラムのほか、シュローダーやシティーバンク等から人を集めて、一時はバングラディッシュの大きなプロジェクトは皆ペレグリンが資金調達やアドバイスの担当をできそうな気配に盛り上がった。

ある日バングラディッシュ・オフィスから突然電話が入り、バングラディッシュの投資委員会委員長のトーフィック・チョードリーが交通事故にあったので至急お見舞いに行ってくれというのだ。チョードリー氏は、東京を訪問して成田に帰る途中で玉突き事故に会い、四街道の病院に入院していた。私がお見舞いに行くと、彼は医者とのコミュニケーションがうまくいかず困っていた。私が中に入って通訳をするとチョードリー氏はことのほか喜び、バングラディッシュの大きなプロジェクトをやらせるから日本の商社をつれてきてくれと私に頼んだ。

バングラディッシュに行ってみると、飛行場では通常の通関でなくエグゼクティブ・コースを通ってお茶を飲んでいる間に手続きをすべてやってもらえた。ペレグリンのバングラディッシュ事務所のスタッフと共に、ダッカからチタゴンの工業団地に行き、いくつか工場見学をした。日本人工場長が「私は東京の下町で数人の工場をやっていたが、バングラディッシュで一旗あげようと思ってやってきた。到着した週に大水が出て、1階は水浸しになった。私は2階に荷物を置いていたので助かったが、1階に置いていたら即日本に戻らなければならないところだった。」という。彼はいまや現地の名士で、数百人のきれいなサリーを着た女の子たちに働いてもらっている。世界中の野球帽やタオルがそこで作られていた。もっと難しいものなら中国やベトナムでやる必要があるが、簡単な製品は人件費が安いバングラディッシュで十分だという。韓国専用の工業団地もあった。バングラディッシュの女の子は優しいということで、韓国企業が、経営陣に反発するインドネシアやベトナムよりも、素直に言うことを聞いてくれるバングラディッシュへと工場を移しているというのだ。

バングラディッシュのエネルギー省次官に会うことができたので、発電所プロジェクトの話をした。パキスタンもバングラディッシュもイスラム教信者がインドから分離してできた国である。パキスタンができることならバングラディッシュもできるだろうという話である。パキスタンは当時ハブ・リバー発電所が竣工しようというところだった。私は日本の総合商社の顧客に言われたとおりに、「値段が安くても後で維持できないかもしれない韓国企業」でなく「良いアイデアを出す日本企業」にプロジェクトをやらせて欲しいと言う話をした。ところが、返ってきた答に驚いた。「価格が高いのにプロジェクトをやらせるというようなことをしたら、次の政権交代時に汚職の疑いで投獄されることになる。あなたにその責任は取れるのか?」というのである。そんな責任が取れるわけのない私は、頭を下げ、尻尾を巻いて引き下がらざるを得なかった。

パキスタンのような発電所、チタゴンの大型原油タンカー(VLCC：Very Large Container Carrier)がつけられるような深度のある港湾、川に架ける橋をはじめとして面白そうなプロジェクトはいくつかあったが、ある日あっけない幕切れが来た。突然我々のルナ・アラムをはじめとしてバングラディッシュにおける全証券会社の社長が逮捕・投獄されたという知らせが来たのだ。ルナは、証券市場の過熱振りに前から政府に警告を発していたのだが、政府は聞き入れようとしなかった。株価が暴落して、政府はスケープゴートが必要だったのだ。せっかく海外からバングラディッシュに集まったペレグリンの投資銀行部隊は、この事件で嫌気が差して、皆、海外に帰ってしまった。ペレグリンの支援で一気に発展する可能性のあったバングラディッシュ経済は、株式市場暴落の責任回避に走った大統領の意思決定で一転して暗黒時代に逆戻りしたのだった。

当時のベトナム

ペレグリンは、ベトナムでは投資銀行というより総合商社をやっていた。ところがホーチミンで成功しすぎて当局に目をつけられ、自動車関税で言いがかりをつけられて困ったことになった。ペレグリンは銀行や自動車の輸入販売までやっていたのだが、自動車輸入はあっというまに商売にならなくなってしまった。

私も、日本の顧客とともにホーチミンやハノイに行ったことがある。その顧客がベトナムに合弁会社を作るかどうか検討したいと言うので、同行したのである。ベトナムは料理もおいしく人々の手先が器用で、発展しそうな印象を受けた。道路には2人乗りのバイクが信じられないほど大量に走っていた。ホーチミンでは若者はバイクに乗ってデートをしているようだった。

ハノイでは高級官僚にも会って情報収集をしたが、ペレグリンのスタッフから許認可を取るには子弟を欧米留学にやる支援をしなければならず、賄賂を出さないと前に進めないという話を聞いた。プロジェクトはしたいが違法行為はしたくなかったため、プロジェクトの開始をあきらめざるを得なかった。

アジア・インフラストラクチャー・ファンド

ペレグリンには、モルガン・グレンフェルから参加したアレックス・アダモビッチというペレグリン直接投資ファンドのMDがいた。ペレグリンは、世界銀行、アジア開発銀行と共に500億円のアジア・インフラストラクチャー・ファンド（AIF：Asia Infrastructure Fund）を持ち、パワー（発電所建設を中心とする電力事業）、テレコム（固定・携帯を含む電話事業）、トランスポーテーション（高速道路・港湾等のインフラ事業）の3つの分野に投資していた。歌い文句は、〝Significant minority with Strategic Investor〟で、戦略的投資家と共に相当な少数株式に出資し、業界に詳しい取締役を出して企業価値を上げて儲けようとするものだった。

当時は今のように多くのファンドが来日しておらず、AIFの考え方は面白かった。ただし、資金集めが大変で、出資を募って歩かなければならなかった。後にアジアのテレコム（電話）業界に投資するＡＩＦテレコム・ファンドを作ることになり、当時親しくしていた総合商社に数十億円出資してもらったこともある。

気がつけば国民経済計算分析の研究者に

東京支店では投資銀行部長だったが、ペレグリン・キャピタルというペレグリン・グループのコーポレートファイナンス担当企業では日本代表となったため、毎月行われるコーポレートファイナンスの全体会議で日本や日本企業のことについて説明せざるを得なくなった。「なぜ日本企業はなかなかバブル崩壊のショックから立ち直らずアジアに出てこないのか？」と言う質問に対して私自身もわからなかったため、各国代表のお歴々の前でちゃんと答えられず恥ずかしい思いをした。これが、国民経済計算の分析を始めたそもそものきっかけである。

日本の財務事情が自分でもわからないことに不満だった私は、ある週末に、国民経済計算の年報を買ってきて、エクセルでセクター別の財務分析を始めた。日本企業の問題点についてマクロで把握しておこうと思ったのだ。ちょっと簡単に日本経済や日本企業の財務の概要を把握しておこうと思っただけだったのだが、これがなかなか大変な作業だった。日本企業だけでなく、金融セクターや政府にも大きな問題があることがすぐにわかり、そもそも家計が日本最大の財務諸表を抱えていることもわかってきた。週末に終わらせるつもりがどんどん長引き、いくつかの週末が潰れた。

しつこい私としては、日本経済や日本企業の財務の現状の概要を理解するまで取り組み始めた研究をあきらめることができなかった。そのうちに、1週間―10日の長期休暇をとって南の島で国民経済計算の分析をする癖が付いた。ホテルの部屋でパソコンをたたいて財務分析をしていると、セクター別に兆円単位の問題点がぼろぼろ出てくる。それまで気が付いていなかった発見をしては、1人、部屋のなかで「ウワー、大変だ。」と叫び声を上げては、プールに走っていって泳ぐのだ。この研究が10年続いて、気が付けば、私は日本経済の財務の研究者になっていた。観察して問題を発見し、解決策の選択肢を考えることに深い喜びを覚えるようになっていったのである。スカパーで「日本の財務再構築」と言う番組をやったり、九州大学のビジネススクールで教えながら「日本の財務再構築」と言う本を出版したりすることになったのはそういうわけである。

ついにペレグリンが破綻

1997年になってアジア危機が起こり、株や為替が暴落した。ペレグリンの債券部門が、タイのバーツ、マレーシアのリンギ、インドネシアのルピーの現地通貨建て債券の発行で過半数のシェアを持っていたことは前に述べた。現地通貨建ての債券は現地企業や現地プロジェクトの資金調達を支援するために絶大な効果を持ったが、一方で、ボート・ディール（bought deal：買取引受）の形をとると、投資家に販売する前に現地通貨の大きな買い持ちポジションを抱えてしまうことになる。1997年の通貨が暴落する状況の下で、ペレグリンの債券部門は、大きな買い持ちポジションを抱え、大損害を被った。債券部門の経営陣はこのポジションのことを、ペレグリン・グループの経営陣にはじめ隠していたといわれる。どうにもならなくなって債券部門が損失を告白したときには、すでにペレグリンの自己資本が大きくやられ、どこかに引き受けてもらえないと破綻する状況に陥っていたようだ。

始めようとするプロジェクトがアジア危機の影響で次々とつぶれていくのを見ながら私は1997年の夏ごろに退社し、1998年の初めにペレグリンは破綻した。このときの経緯については、祥伝社文庫から『アジアの隼』という本が出版されている。

第3節　アーサーアンダーセンにおける総合商社支援の日々

ハイペリオンとバリューマックス

アジア危機で株価と為替が暴落し、日本の大手総合商社は数千億単位で投融資を中心とする損失を抱えた。ところが事業部門や事業本部ごとに経営していたので、全体としていくらやられたのかということを把握することが困難だった。私は、日本企業グループの全体像を

ハイペリオン

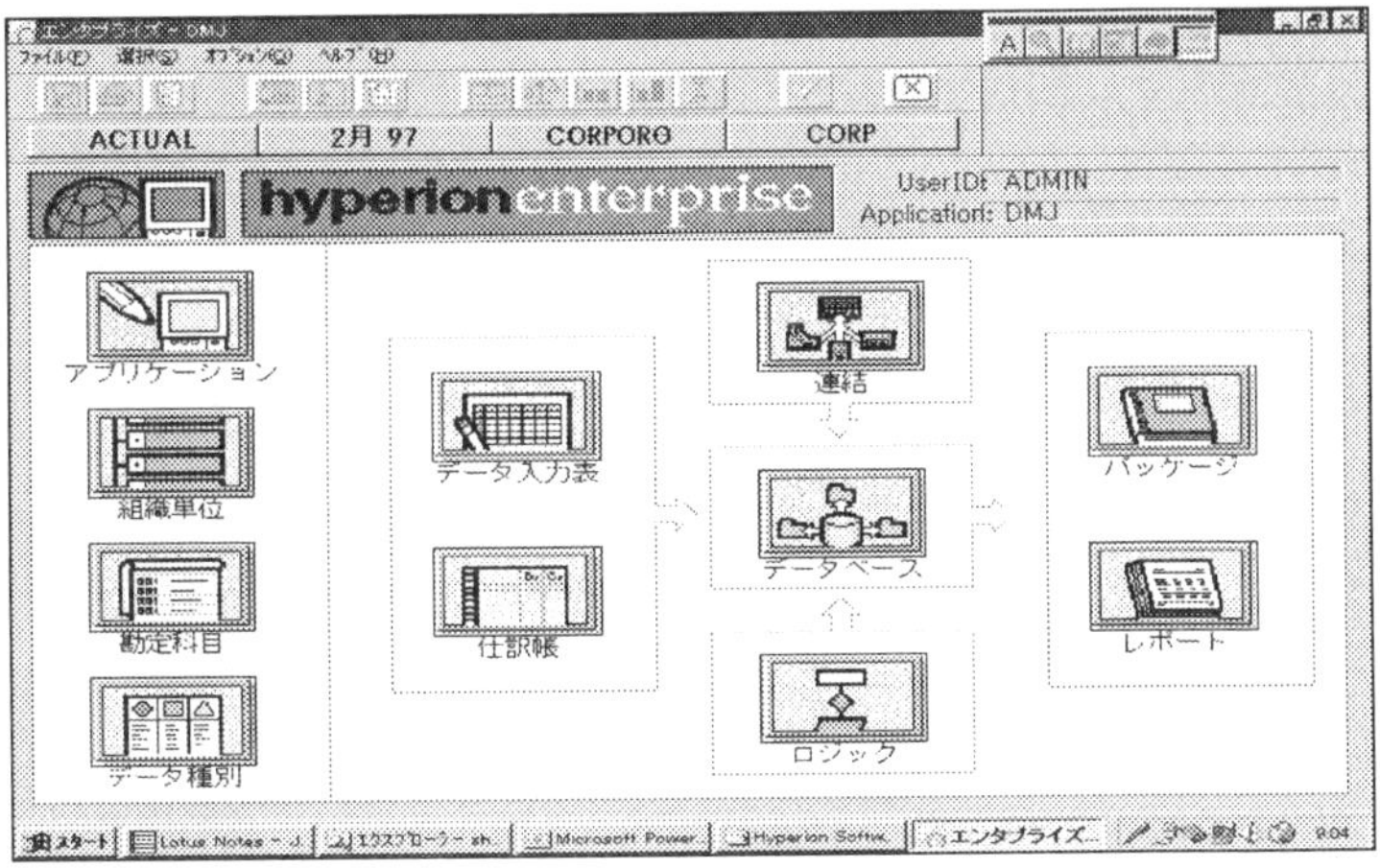

把握して財務を再建するには、経営管理のための連結を簡単に行える連結ソフトを、日本企業に導入しなければならないことを痛感した。

１９９７年当時、ハイペリオンという連結ソフトをアーサーアンダーセンが担いで顧客に導入していた。このハイペリオンは、もともとＩＭＲＳという会社だったが、連結ソフトは私のメロン銀行時代の同僚のヘレン・チョーの弟であるチャールズ・チョーが友達と開発したものだった。ヘレンは、メロン銀行の国際部が崩壊して皆がばらばらになるときに、弟の会社に入って、１９９７年にはアジア・パシフィック担当のディレクターになっていた。彼女は、私がロンドン・ビジネス・スクールに行っている当時から私にパソコンに入っているハイペリオンを得意そうに見せて、シーメンスに数億円で売ったとか、自慢していたものだ。ヘレンは、日本ではアーサーアンダーセンがハイペリオンを販売しているが、用途が連結決算ばかりで、もともとのハイペリオンの強みである管理連結に使われていないことに大きな不満を抱いていた。「あなたなんとかしてくれない?」と言う彼女の言葉を私は数年聴かされ続けていたのだ。

ペレグリンでバブル崩壊後の日本企業の再建問題に取り組み、日本企業の財務の最適化に取り組みたかった私にとって、ハイペリオンは、非常に面白いツールだった。このソフトは、当時の連結ソフトのグローバル・スタンダードで、欧米の多国籍企業が経営管理のために続々と導入していた。ハイペリオンは、大手日本企業にもアーサーアンダーセンを通じて破竹の勢いで導入されつつあった。その後大分たってからエクセルで管理連結を行えるアウトルックソフトというソフトができた。これもハイペリオンを辞めたチャールズが開発に関与したもののようだ。そして最近ではハイペリオンがオラクル(データベースにも強い、アメリカのERP市場2位のソフトウェアメーカー)、アウトルックソフトがSAP(ドイツにあるERP市場最大のソフトウェアメーカー)に買収されて、現在ではERP(Enterprise Resource Planning 経営資源の有効活用をするための統合型ソフトウェア)の戦いが連結ソフトの分野でも繰り広げられることになっている。

さて、ハイペリオンには、組織図機能、エクセルとの双方リンク機能、ドリルダウン機能という便利な機能が付いていた。連結決算をつくり、管理連結を行うためには、組織ごとに財務諸表を格納し、これを合算して内部取引を消去する連結作業を迅速に行うことが鍵になる。私は、ハイペリオンに日本の大企業グループの財務情報を格納し、連結事業別に事業ポートフォリオを最適化することによって日本企業を再建して行こうと考えた。このためには、ハイペリオンを日本企業に導入しているアーサーアンダーセンに入社する必要があった。ちょうどその頃アーサーアンダーセンのコンサルティング部門が朝日監査法人から分離され、朝日監査法人の100%子会社の朝日アーサーアンダーセン株式会社として業務を拡大しつつあった。私は1998年の初めに朝日アーサーアンダーセン株式会社に財務戦略コンサルティング担当ディレクターとして入社した。

ハイペリオンを使って日本企業の再建に取り組むつもりでいた私は、ハイペリオンのデータをエクセルに取り込んで連結事業別に事業ポートフォリオを認識し、その最適化を行うために、入社前の1997年の秋頃からエクセルで財務最適化モデルの研究をしていた。長野で医者をしている姉の旦那が持っている別荘を借りて、民間事業会社の財務戦略モデルを研究開発していたのだ。

このモデルは後に改善して総合商社に適用するときに「バリューマックス」という名前をつけた。ハイペリオンとバリューマックスを使ったカンパニー制の導入や、財務の最適化手法は、まずスカパーのビジネスブレークスルーチャンネルで「経営革命」として紹介し、その後、東洋経済新報社から『連結財務戦略』という本として出版した。バリューマックスは、

バリューマックス

1. 類似企業比較方式に基づいた組織別事業価値評価機能
2. 投資家重視経営用の組織別財務目標設定機能
3. 組織別の財務上の問題点を発見するための類似企業比較方式による財務分析機能
4. 施策の組織の財務に対する影響を測定し、中期経営計画を考えるシミュレーション機能

ValueMax 2000 release 2.0

Data Elements	Explanation
Application	財務分析アプリケーション
Category	実績
Period	1999年3月
Name	A連結事業本部

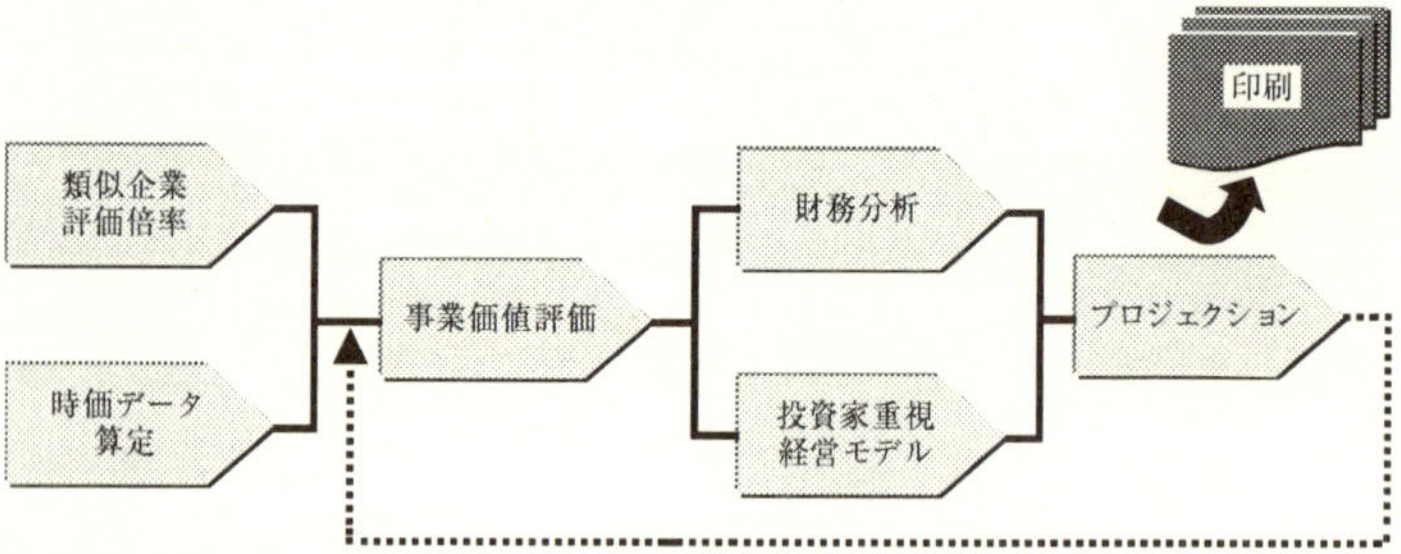

簡単に言えば、投資銀行的な類似企業比較方式を使った企業価値評価を、グループ全体や法人別だけでなく、連結事業部別に行い、グループの事業ポートフォリオを最適化するためのモデルである。これを使えば、業界の事業価値／売上倍率、事業価値／営業利益倍率、事業価値／営業キャッシュフロー倍率、企業価値／ＥＢＩＴ倍率、ＰＥＲ（Price Earning Ratio：株価収益率）、ＰＢＲ（Price Book Ratio）等を使って、事業価値、企業価値、自己資本時価等の評価を迅速に行うことができる。一時は、東京商工リサーチから有価証券報告書発行会社の財務データをシス

テム的にすべて取り込み、類似企業との比較がすぐ行えるようになっていた。バリューマックスには、財務経営のためのツールとして、連結事業別の業績評価基準の設定機能や、ドリルダウン方式の財務分析機能も織り込んでおいた。これがなければ数百という連結事業の全体像を短期に評価して含み損益の分散を把握するような作業は不可能だったと思う。

大前研一氏のビジネス・ブレークスルー

マッキンゼーの有名コンサルタントだった大前研一氏がビジネス・ブレークスルーというスカパーのチャンネルを立ち上げたのは1998年のことだったと思う。ある日トイレで新聞を見たら大前さんの「コンサルティングチャンネルを立ち上げるので番組をやる興味がある人は集まって。」という記事が目に留まり、面接に出かけてみた。ビジネス・ブレークスルーは、番組視聴に大金を払う視聴者のために「ミート・ザ・ファンドマネージャー」という番組を作りたがっていた。私はM&Aや財務再建は専門だが資金運用は素人なので躊躇したが、「経営革命」という番組をやらせてくれるというので、「ミート・ザ・ファンドマネージャー」の番組もやることにした。これは有名ファンドマネージャーを呼んできて、ファンドについて説明してもらう番組である。私の趣味とはちょっとずれがあったが、「経営革命」をやりたい私としては仕方がなかった。「ミート・ザ・ファンドマネージャー」はかなり頻繁に収録・放映していた。ビジネス・ブレークスルーが始まった頃は、出演者が少なかったので1／3近くは私の番組が流れていたように思う。

「経営革命」は連結財務戦略の考え方を16回くらいで話す番組だったが、大前さんはアンダーセンと聞いて、私の勤務先を朝日アーサーアンダーセン株式会社でなくその後アクセンチュアとなったアンダーセン・コンサルティングと誤解したらしく、その後「ITと経営変革」という番組をやらせされた。ITの専門家でない私としてはこれもいまひとつ気が乗らなかったのだが、「21世紀の財務戦略」というM&Aの手法を解説する番組をさせてもらうことを条件に引き受けた。その後、国民経済計算の分析でわかった日本のセクター別財務の現状と解決方法の選択肢を話す「日本の財務再構築」という12回の番組講師をやらせてもらい、これは東洋経済から2冊目の本として出版した。現在でも2カ月に1回のコンテンツ会議のメンバーを務めさせてもらっている。普通の人が見えない将来ビジョンをみるという意味では、大前研一氏は本当に類希なるすごい人だと思う。世界の流れを眺めては、現在の事象の意味を理解し、解説する点にかけても現在の日本の第一人者だと思う。タブーと思われている問題について、つい本当のことを言ってしまうので煙たがる人も多いと思うし、彼の興味の転換速度についていけない人も多いと思うが、尊敬すべきコンサルティング業界のリーダーであることは間違いないと思う。

某総合商社の支援

本業の外のビジネス・ブレークスルーで余計なおしゃべりをしているうちに、日本企業のトラブルは一部で大変なことになりつつあった。土地株バブル崩壊、アジア危機でやられた日本企業のうち何社かは、会計ビッグバンで、連結主義と時価主義が日本企業に入ってくるタイミングで、危機的状況を迎えつつあったのだ。2000年には投資有価証券や為替換算調整勘定の導入を予定し、自己資本が飛んでしまいそうな某中堅総合商社顧客から、なんとかしてくれという悲鳴が朝日監査法人に入った。どの程度の問題か見てみようということで私が分析したところ、数千億の自己資本削減要因があった。私は、含み損だけでなく含み益もあるはずなので、連結事業ポートフォリオの全体像を把握した上で事業ポートフォリオを最適化しようと提案した。ハイペリオンとバリューマックスを使った緊急手術を行う必要があったのだ。

雇われるまでに数百ページの分析、数回のプレゼンと数カ月の日々を要したものの、結果として我々のプロジェクトチームは雇われ、顧客のビル内に8人のチームメンバーを置くプロジェクトルームを作った。顧客経理部門とシステム部門の協力を得て、連結部門、連結本部、連結部の財務データを、ハイペリオンに格納し、バリューマックスを使って1カ月ほどで100を超える企業価値評価を行った。新会計基準の導入が迫っており、大きな自己資本の削減がみこまれていたため、含み益がある事業の一部を売却してキャピタルゲインを稼ぐ必要があった。ありがたいことに当時はＩＴバブルが発生しており、ＩＴ関係事業の統合と一部売却で自己資本を千数百億円充実することができた。

この顧客は、バリューマックスによる連結事業部経営を行うために、カンパニー制の導入もしてくれた。我々はその後数年、この顧客の多くの事業統合を含む事業ポートフォリオの最適化を支援することになった。特に鉄鋼事業の統合は統合後の売上が1兆円を超える大変な取引で、顧客の明らかなコア事業の1つだったため、取引が成立するまでには多くの困難があった。顧客の側でもプロジェクトチームができ、多くの週末をつぶして作業した。グループ全体の危機だと知らない社員も多かったが、働きすぎで体を壊した人もいる。目の前の危機を乗り切るため、会社のために一部の幹部は文字通り骨身を削って戦ったのだった。

これを横目で見ていた別の中堅総合商社も、同様のことがやりたいというのでプロジェクトチームを立ち上げた。やはりハイペリオンに連結本部や連結部の財務データをいれ、含み益がありそうな事業の一部売却を支援することで数百億円の自己資本を充実した。このとき別の商社の競合事業と統合した事業は、後にヨーロッパのファンドに数千億円で売却されて新聞をにぎわすことになった。この商社はカンパニー制という言葉を避けたいということで連結事業部制という言葉を使ったが、同じくハイペリオンとバリューマックスを使った財務経営を導入して事業ポートフォリオの最適化を図ることにした。

財務戦略部門の発展

総合商社で大きな戦いを始めているという噂を聞いて、多くの優秀な人たちが会社の内外から集まってきた。私の財務戦略部門は、入社時には私だけだったが、総合商社プロジェクト開始時の8人から1－2年で30人近くまでチームは膨れ上がった。仕事は総合商社だけでなく、多くの事業会社顧客へ広がっていった。欧米の投資銀行や戦略的コンサルティング会社に比べれば給料はたいしたことなかったが、皆金よりもやりがいと経験を求めていたのである。

取引を実行するだけで取引の企画にはなかなか関与できない投資銀行に比較して経営の企画から入れるコンサルティング会社は面白かった。戦略コンサルティング会社は、すばらしい戦略は立てるものの実行フェーズまで行かないことも多い。立てた戦略がゴミ箱に捨てられてしまうこともある。この頃の我々の財務戦略部門は、経営企画とM＆Aの実行という一番面白い部分を支援させてもらっていた。私はディレクターからアンダーセンのパートナーになり、仕事は大変だったが毎日が充実していた。

エンロン問題の波及

ところが、総合商社を支援している最中の２００２年にエンロン問題が火を噴いた。まず、エンロンが特定目的子会社（SPC：Special Purpose Company）をたくさん作って帳簿の外でおかしなことをやっていたというので、エンロン株が急落した。次にアンダーセンのヒューストン事務所にいるダンカンというパートナーがエンロンの監査を担当しており、問題となりそうな書類があったので、これを隠蔽するために破棄したというのである。

日本の我々はエンロンの話を聞いてビックリした。しかし、全世界には8万人の社員がいて20人に1人はパートナーだったので、4千人のパートナーがいた。4千人いれば誰かが何か問題を起こすものである。ダンカンが悪いことをしたのなら損害の一部をアンダーセンが賠償しなければならないかもしれないくらいは思ったが、アーサーアンダーセンが破綻するとは思っていなかった。

ところが、その後、ダンカンの書類破棄は法人にとっての刑法上の犯罪で、刑法上有罪になれば、その会社は上場企業の監査ができなくなるというのである。当時アーサーアンダーセンはKPMG（Klynveld Peat Marwick Gordeler）、EY（アーンスト・ヤング）、PWC（プライス・ウォーターハウス）、デロイト・トーマッツと共に監査法人のビッグ5の1つで多くの上場企業を顧客に持っていた。上場企業の監査ができなければ商売にならない。日本の提携先である朝日監査法人は財務的に独立していたが、世界の各国アーサーアンダーセン法人の中にはアメリカ法人の保証を得て借金をしているところがかなりあったようで、アメリカ法人の破綻は、多国籍組織としてのアーサーアンダーセンの崩壊につながったのだった。

アンダーセンが危ないという話が始まってから少し経つと、当時のトップだったベラルディーノにエンロン問題の処理を任せておいて大丈夫かという懸念が、世界中のアンダーセンのパートナーの間に広がり始めた。ある日、突然、フランスのパートナーから全世界のパートナー宛にメールが届いた。「もう我慢できない。現在の経営陣には任せておけないのでみんなで立ち上がろう。アメリカのパートナーたちよ。我々はあなた方に頑張れといいたい。フランスはアメリカの味方である。真珠湾の時だってフランスがアメリカの味方をしたことを思い出して欲しい。我々は共に戦おう！」アンダーセンのアメリカのパートナーに頑張って欲しい気持ちは私も同じだったが、日本人パートナーはこれを見てがっくり来たと思う。なぜそこに真珠湾攻撃が出てくるのだろうか。私は「なぜ真珠湾の話が出てくるのかわからないが、自由と正義のために日本のパートナーも共に戦いたい」というメールを打った。

別の日には、アメリカのパートナーからのメールが届いた。「今日、家に帰ると息子からの置き手紙があった。そこには、『お父さんの会社つぶれるかもしれないんだってね。もしつぶれても心配しなくていいよ。僕がレモネードを売って家族を養ってあげるからお父さんはゆっくり新しい仕事を探してね。』とあった。」これを見て多くのグローバルのパートナーたちが涙を流したと思う。

アンダーセンの破綻

司法省とＳＥＣ（証券取引委員会）からのアンダーセンに対する攻撃に対して、アメリカのパートナーたちは、ワシントンへのデモを企画していた。「お爺ちゃんお婆ちゃんや子供をバスに乗せて、ワシントンにアンダーセンを救うためのデモに行こう。ただデモは整然と行い、書類をちらかさないようにして午後から仕事に戻るようにしてください。」というようなメールが回覧された。世間の人はどう思っているかわからないが、公認会計士の集団というのは遵法意識の強い、極めて真面目な人たちなのだ。当時のマスコミはアンダーセンを悪の組織のように非難していたが、私の知っているアンダーセンの人たちは、ほぼ全員が非常に真面目な人たちだった。投資銀行に比べれば欲が深いわけではないし、戦略コンサルティング会社のようにエリート意識の塊でもない。「1人の個人がやったかやらないかわからないことでなぜ組織全体をつぶす必要があるのか?」という文句のファックスが、ホワイトハウスのファックスを1台壊したとあとで聞いた。当時、ダンカンは容疑を否定していたので、会社も容疑を否定し、他のパートナーとしてはどういう話なのかまったくわからなかったのだ。

だんだん世界中のパートナーからのメールが毎日たくさんまわるようになり、私も心配で仕事に手が付かなくなっていった。ベラルディーノが「もう大丈夫、司法省とSECがもういいから許すといってくれたから。」というようなことを言いに来日したことがあったが、アメリカから何やら緊急の電話を受けて慌てて帰っていった。その後、ブッシュから司法省とSECに「アンダーセンをつぶせ。」という電話が入ったという噂が出て、それとほぼ時を同じくして、アンダーセンが崩壊するので事業を分割して売却するというような噂が伝わり始めた。ほどなく当時の朝日監査法人は、顧客を守るためにアーサーアンダーセンを見限る意思決定をした。アメリカのアーサーアンダーセンが上場企業の監査をできなくなると、日本の朝日監査法人としてもアメリカ法人を抱える日本の多国籍企業顧客に逃げられることになり、そのようなリスクは取れなかったのだ。朝日監査法人は、提携先をアーサーアンダーセンからＫＰＭＧに変更することになった。また、朝日監査法人は、私が勤務していた朝日アーサーアンダーセン株式会社を、ＫＰＭＧコンサルティングに売却することにもなった。

第4節　KPMGとベリングポイントの日々

朝日アーサーアンダーセンからKPMGコンサルティングへ

当時、朝日アーサーアンダーセン株式会社は700人ほどの従業員を抱え、ＫＰＭＧコンサルティング株式会社は300人ほどしかいなかったが、潰れるのはＫＰＭＧでなくアーサーアンダーセンだった。我々は2002年に100％親会社の朝日監査法人により、ＫＰＭＧコンサルティング株式会社に譲渡された。取引の形式が営業譲渡だったため、私たち朝日アーサーアンダーセン株式会社の従業員は一度退社して、ＫＰＭＧコンサルティングに再雇用されることになった。ありがたいことに財務戦略部門のスタッフたちはみな私と共にKPMGコンサルティング株式会社に移ってくれた。このときには入ったばかりの新入社員もいて、彼らは入社直後に会社がなくなり、新会社に移されることになったわけだった。

KPMGコンサルティング株式会社は、八重洲のパシフィックセンチュリープレースにあり、私たちは飯田橋から八重洲に引越しをした。KPMGコンサルティングは、ニューヨークに上場するKPMGコンサルティング株式会社の100%子会社だったため、私は、パートナーでなく財務戦略部門（FS&P：Financial Strategy & Planning）のマネージングディレクターということになった。パートナーというのは、こちらがスイスのアーサーアンダーセンの自己資本持分を持つのである。アメリカ親会社の子会社として、親会社の言うなりにならなければならないわけではない。この意味ではアンダーセン時代は、各国のオペレーションは、みな自国の顧客のために好きなサービスを提供することができたため、外資系企業というわけではなかった。朝日アーサーアンダーセン株式会社は確かに朝日監査法人の100%子会社だったので、組織的には朝日監査法人の言うことを聞かなければならないはずだったが、朝日監査法人はプロフェッショナルファームとしてコンサルティング子会社を放任していたので、介入されることはほとんどなかったのである。これに対して、KPMGコンサルティング株式会社はアメリカ法人の100%子会社だったので、アメリカの言うことをすべてきかなければならなかった。この意味では外資系企業として、日本における自由と自治権に一定の制限が出てきたわけである。

KPMGコンサルティングからベリングポイントへ

ＫＰＭＧコンサルティングは、バージニアのマクリーンに本社のある当時元ＫＰＭＧの公認会計士のランド・ブレーザーが作ったコンサルティング会社だった。ランドがウェストポイント（アメリカの陸軍士官学校）出身だったせいで、アメリカでは防衛関係を含む政府を顧客とした仕事が半分近くあった。アジア太平洋地域担当の会長はポール与那嶺氏で、野球で活躍したチャーリー与那嶺氏の息子である。日本の社長は秋田さんで、朝日アーサーアンダーセン株式会社でハイペリオン関連のビジネスを発展させ、コンサルティングビジネスを立ち上げた中心人物だった。

我々のＫＰＭＧコンサルティング株式会社における勤務はそれほど長くなかった。会社の名前がＫＰＭＧコンサルティングからベリングポイントに変更されたからだ。当時アメリカではサーベンスオクスレー法が成立し、監査法人がコンサルティング会社やM＆Aアドバイザー会社をやってはいけないことになりつつあった。ＫＰＭＧコンサルティングはもともとＫＰＭＧグループの会社だったが、監査法人から切り離さなければならないということで、資本の切断に加えてＫＰＭＧの名前を外さなければならなくなったのだ。

２００２年の秋に、我々の会社の名前は、ＫＰＭＧコンサルティング株式会社からベリングポイント（BearingPoint）株式会社に変更された。ベリングポイントというのは、顧客と共に顧客の目的地までお供するというような意味で、潰れたイギリスのマーチャント・バンクのベアリングブラザースの悪いイメージを避けるために、日本では「ア」を抜いて、べ「ア」リングポイントでなく、ベリングポイントという表記にしたようだ。私はKPMGコンサルティングからベリングポイントに名刺の会社名を変えた。

九州大学教授就任とアドバイザー兼業

九州大学の中村裕昭先生からはじめにメールが入ったのは、2001年にニューオーリンズでアーサーアンダーセンのコンサルティング部門のパートナー会議をやっていたときだった。そのときアーサーアンダーセンとアンダーセン・コンサルティングの正式な離婚協議が成立し、アンダーセン・コンサルティングはグループから去るので、新しい気持ちで頑張ろうというような話をしていたところだった。アンダーセン・コンサルティングはアーサーアンダーセンの生んだ世界最大のコンサルティング会社で、アーサーアンダーセンそのものより儲かっていたため、パートナーの分け前をめぐって争いが続いていた。もともとうちのノウハウを使ってやっているじゃないかというアーサーアンダーセンと、稼いでいるのはどっちだというアンダーセン・コンサルティングの分け前をめぐる醜い争いは長年続いていたが、ようやくアンダーセン・コンサルティングがアンダーセン・グループから出て行くという話になって決着が付いたのだ。アンダーセンの名を使えなくなったアンダーセン・コンサルティングはアクセンチュアという名前に変えた。もともとACと呼ばれていたので、アクセンチュアという名前ならACと呼ばれ続けることができたのである。

九州大学の中村先生のメールには、ちょっと話があるとしか書いてなかったので、そのときは何だろうと思っただけだった。日本に帰って中村先生に会うと、今度九大でビジネススクールを作るが、コーポレートファイナンスを教えるいい人を知らないかというのである。中村先生は興銀出身だったが、数年前から九大の経済学部で教えていた。2003年4月から九州大学でビジネススクールを立ち上げることになり、コーポレートファイナンス担当の教官を探していたのだ。

そのとき私は、総務省で不愉快な思いをしたばかりだった。地方自治体の財務が心配になって、人の紹介で総務省に相談に行ったところ、あとで「私が地方交付税課長かつ東大の客員教授なのだから私が自治体の面倒は見ている限り大丈夫だ。」という趣旨を紹介者に言ったと紹介者から伝え聞いて、むっとしていたところだったのだ。私が外資系のコンサルタント会社や投資銀行で働いてきたためか、政府の役人と話をして、真面目に話を聞いてもらったことはなかった。確かにアウトサイダーかもしれないが、本当に政府の財務を心配しているのに何たる言い草かと思って私は憤慨していた。

ちょうどそのタイミングで九大のビジネススクールの話が出てきたので、私はそれに飛びついた。「誰か良い人はいませんか。」という中村先生に、「なんだったら私が教えましょうか。」といったのだ。中村先生の話に、私は喜んでお手伝いしたいと思うが、会社の仕事もあるので兼業にして欲しいとお願いした。30名近かった私のチームメンバーは、ほとんどすべて私が採用したスタッフであり、彼らを見捨てて九州に行くわけにはいかなかったのだ。その頃、私はアンダーセンのパートナーで、翌年アンダーセンが崩壊するとは、私も中村先生も夢にも思っていなかった。

そしてアンダーセンが崩壊し、九大のビジネススクールが始まる2003年の4月には、名前がKPMGコンサルティングからベリングポイントに変わっていた。ベリングポイントの秋田社長とポール与那嶺会長の了解を取り付けて、2003年4月には、ベリングポイントのアドバイザーということになった。私は1年だけ公務員になったので、公務員としての兼業規定をクリアーする必要があった。その後九州大学は2004年4月から国立大学法人化し、私は公務員としての教官から非公務員の教員になった。国立大学法人化した時にすべての教官が教員になり、教員はすべて非公務員になったが、多くのルールは九州大学規則として残った。兼業規定も九州大学規則として残ったので、私は、ベリングポイントのアドバイザーのままでいることになった。

その後、ベリングポイントのランド・ブレーザー本社CEO、与那嶺アジア・パシフィック会長、日本の秋田社長も退社し、グローバルのCEOは元モルガンスタンレーのハリー・

ユー、日本のベリングポイントは内田社長に交代した。グローバルのCEOは2007年末にハリーが退任し、今はエド・ハーバックになった。現在も内田社長と戦略部門の林MDにお願いして、ベリングポイントのアドバイザー兼業を続けさせてもらっている。

第1章と第2章は、私がどういう経緯でM&Aアドバイザーになり、M&Aアドバイザーとしてどういう日々を送ってきたかを述べた。第3章以降は内容をガラリと変え、どうやってM&A取引を進めるか、どうやってM&A取引のストラクチャーを設定したり、対象事業の企業価値を計算するかについて概観しようと思う。

第3章

うまくいくM&Aのプロセス

第1節　静かに行う取引準備

水平統合と垂直統合

M&A取引をなぜやりたいか考える場合、水平統合と垂直統合が理由になることがある。

水平統合とは、同じ業界の競争相手を買収して規模を大きくする場合であり、共通するコストが多いのでシナジーが計算しやすい。たとえば、共通の商品、原材料供給先、販売ネットワーク、ITシステム、間接部門等があれば、2つの重複する機能を1つにしてもう1つをなくし、合理化することができる。規模を大きくして製品やサービス1単位あたりの固定費を小さくできれば、ブレークイーブンに到達する数量を減少させることができ、儲かりやすくなるというものである。日本市場は多くの業界で成熟期に入り、放置すると成長できないことから、水平統合により規模を拡大して業界の競争相手を減らす動きが増えている。業界の大手が統合されてコストが下がると、これまでより安い価格を提供してマーケットシェアを取りに来た時、これまでの規模の企業はやっていけなくなることがある。このため、業界における統合は競争相手の統合を招き、業界は再編されていくことになりやすい。都市銀行と言われていた銀行は多かったが、気がつくと大手は東京三菱UFJ、みずほ、三井住友銀行の3行になってしまった。大手スーパーやデパート等の小売業者も買収や統合で

M&Aのプロセス

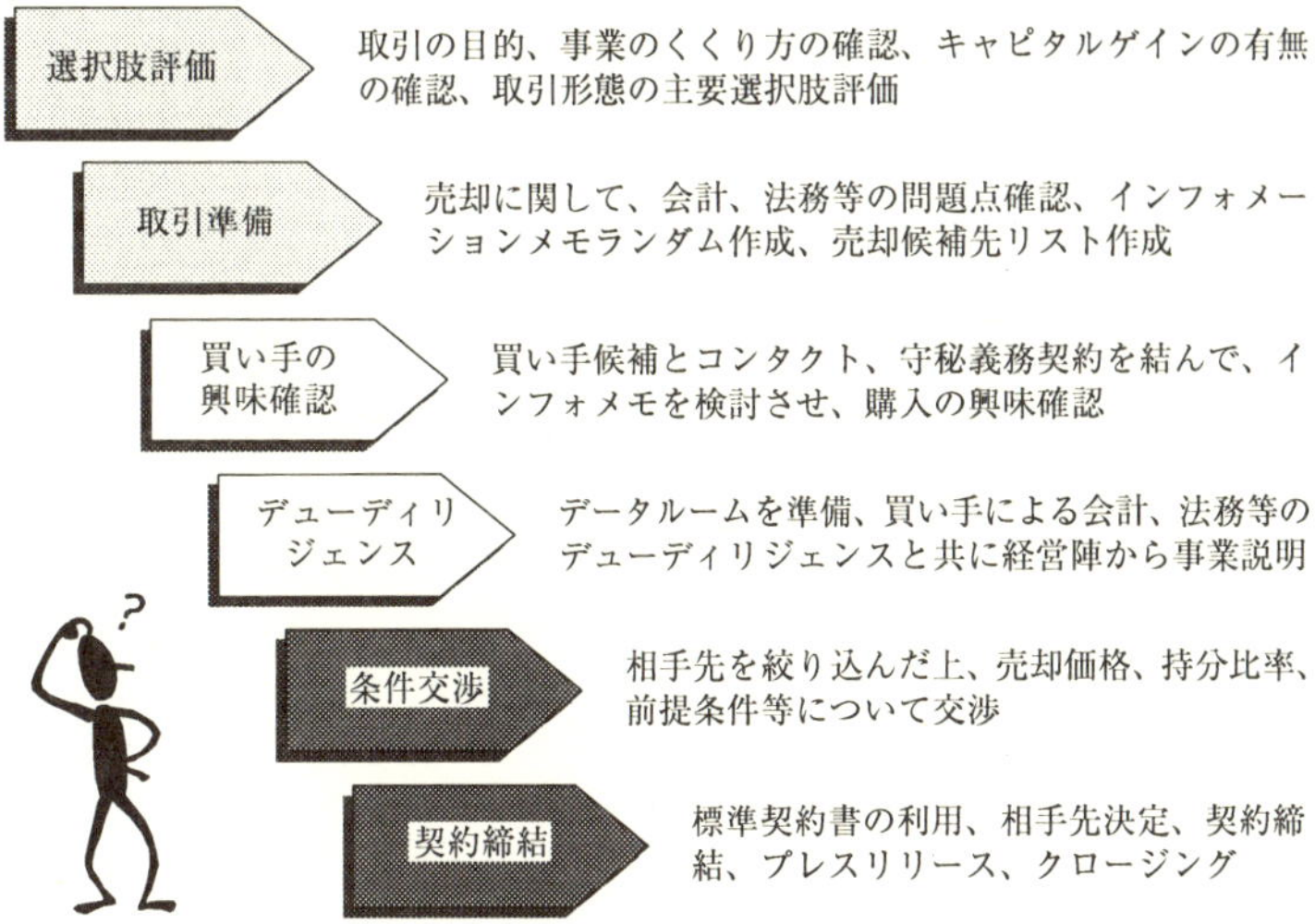
選択肢評価
取引の目的、事業のくくり方の確認、キャピタルゲインの有無の確認、取引形態の主要選択肢評価
取引準備
売却に関して、会計、法務等の問題点確認、インフォメーションメモランダム作成、売却候補先リスト作成
買い手の興味確認
買い手候補とコンタクト、守秘義務契約を結んで、インフォメモを検討させ、購入の興味確認
デューディリジェンス
データルームを準備、買い手による会計、法務等のデューディリジェンスと共に経営陣から事業説明
条件交渉
相手先を絞り込んだ上、売却価格、持分比率、前提条件等について交渉
契約締結
標準契約書の利用、相手先決定、契約締結、プレスリリース、クロージング

数の減少が著しい。

垂直統合は、バリューチェーンの川上や川下に攻めていくものである。思うような部品や原材料を期待するタイミング、価格で供給してくれない供給業者を買収することがある。思うようにいかない供給業者はつきあうのをやめたり、競合させて品質や価格を改善してもらう選択肢もあるが、買収してコントロールを強化し、サプライチェーンマネジメントを行うこともできる。また、思うような価格で製品やサービスを流通してくれなかったり、思うように顧客情報をくれなかったりする流通業者を買収することがある。流通業者を買収することによって、より広い付加価値の範囲でサプライチェーンマネジメントを行うことができるというメリットがあるのだ。製品は持

っているが、販路が限られている事業会社が流通網を持つ会社を買収したり、流通網は強いが、これに流す製品に限界がある会社が、製品や研究開発に強い会社を買収する場合も、垂直統合の例に当たる。ただし、水平統合と違って自分がやっていない事業を買収する場合は、買ってからなぜその会社がそうしているのかわかることがあり、想定していた合理化が可能かどうかは事前にわかりにくいことが多い。またバリューチェーンの全体像が競争力を持たないと顧客を満足させられないので、競争力のない事業者を引き受けて支配すること自体が自分の製品の競争力を損なうこともありうる。確かに関係のない業界で買収をするより関係ある業界のほうがうまくいく可能性は高いが、その買収によって自分の事業の競争力が間違いなく強化されることを落ち着いて確認する必要がある。

会計ビッグバンと破綻回避

日本では1989年に日経平均が4万円近くまで上昇し、株価総額は900兆円近くまで増加した。国民経済計算によれば、1986年には1200兆円だった日本の土地総額が1990年には2400兆円まで上昇した。アメリカの土地総額がこの頃約500兆円といわれ、面積は日本の25倍ほどあるため、面積あたりでは日本の土地価格はアメリカの120倍ほどだった。1980年代の後半に発生したバブルは、株式の場合、1990年と1992年に崩壊し、銀行の企画部門が決算のために心配そうに株式ボードを眺める状況に

日本の土地、株式と有利子負債推移

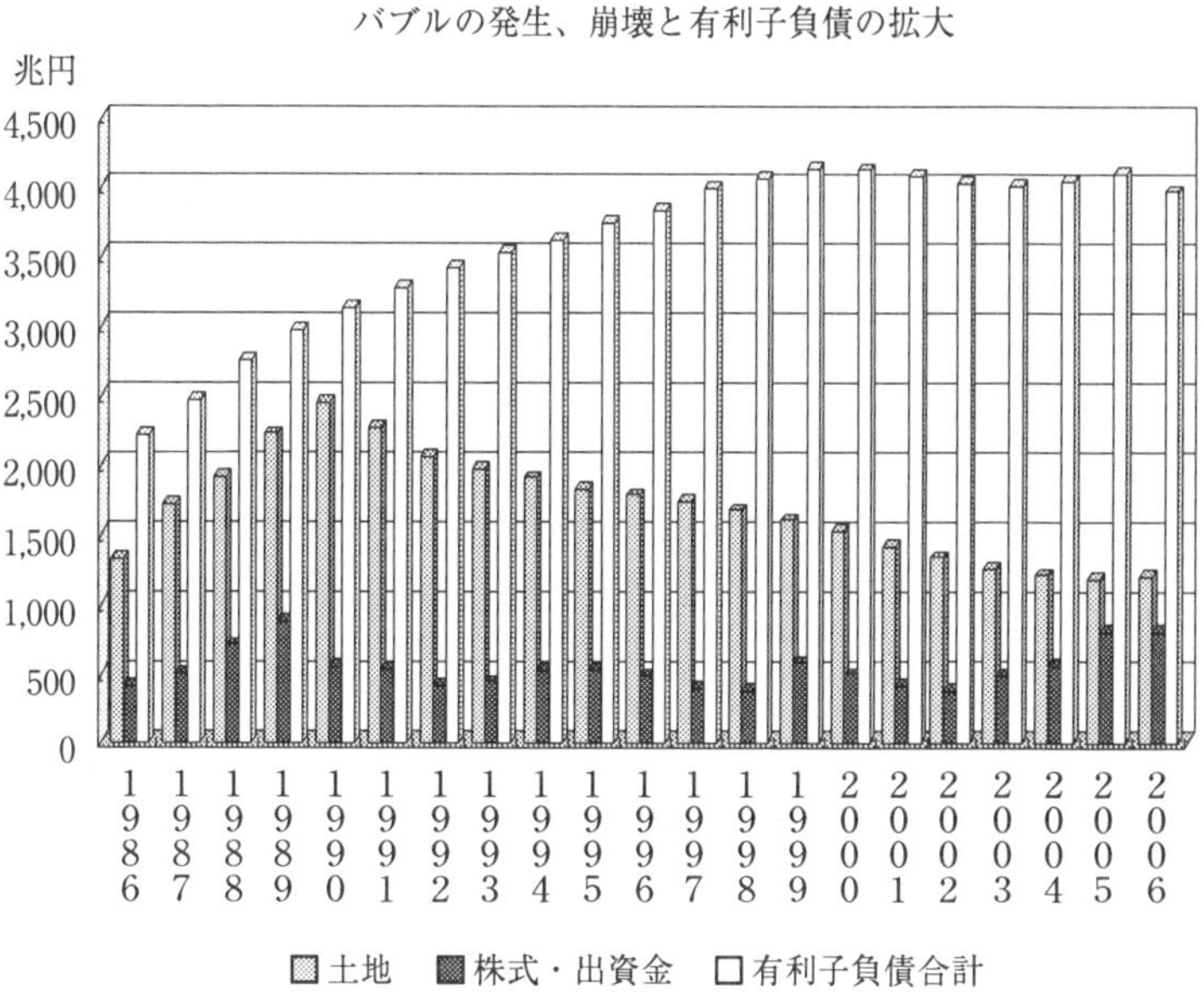

なった。土地は、これまで15年、毎年値下げを継続し、２００５年の末までに半分の１２００兆円になった。

土地株バブルが崩壊すれば、日本企業が持っていた資産価値と自己資本価値が減少するのは当然である。企業価値の中の土地や株式の価値が下がる一方、企業価値を支える資本構成を見ると、バブル発生期に抱えた有利子負債が増加し自己資本が減少した。本業の事業はそこそこやっているのに、過剰な有利子負債と過少な自己資本しかない事業会社が激増したのである。親会社単体でなく連結グループ、取得原価でなく時価で財務を把握しようとする会計ビッグバンが起こったのは、バブルが崩壊して日本企業が一番、自分の財務の実態を外部に開示したくないときだった。不良債権を大量に抱えた日本の金融セクターは、1995年からの10年ほどで100兆円ほど不良債権を償却した。自己資本比率をまもらなければ大蔵省銀行局・金融庁に怒られる銀行にとって、1990年代の後半は不良債権との戦いの時代だった。ひとりでは厳しいと思った銀行は続々と統合し、あれほどあった都市銀行がいまでは三菱東京UFJ、みずほ、三井住友の三メガバンクしか残っていない。

自分自身が危機に陥っていた銀行にとって、顧客にメインバンクだから助けてくれといわれても、できることには限界があった。事業会社は、「まとめてパンツを脱いで持っているものを全部見せなさい。」という新会計基準の導入を迫られ、対策を思いつかないまま襲ってくる新会計基準を、そのまま適用して下手な特別損失を出すことがあった。そうすると、市場で投資不適格とされ、コマーシャル・ペーパー（CP）や社債を発行できなくなるし、メインバンクに助けてもらえないかもしれない状況に追い込まれることになった。

新会計基準の導入を回避できない事業会社は、新会計基準導入による特別損失の実現に対して、なんとか特別利益を計上する施策を思いついて自己資本を維持し、必要な財務比率、格付け、株価を死守しようとした。これがバブル崩壊後の会計ビッグバン導入時に我々財務戦略部門の支援を必要とする事業会社顧客の姿だった。

トラブル企業売却の連結会計メリット

さて、ノンコア事業を売却しようと思ったが、バブルのピークに高値で買って、その後大きな累損を溜めてしまったため、相当な売却損失を覚悟しないと売却できないというような話を良く聞く。しかし、このように話す人のほとんどは、親会社単体の売却損の話をしており、連結会計の話はしていない。

私としてはちょっと待ったといいたい。「連結会計上の売却損益を計算してみてください。ひょっとすると連結キャピタルゲインが出るかもしれませんよ。」私がこう言うと、たいていの人は、「そんなうまい話があるものですかね。」と疑わしそうな顔をするが、実際そういう話は結構頻繁にあるのである。なぜそういうことになるのか説明しよう。

まず、事業売却を考えたことのあるほとんどの人が知っているように、単体の売却損益は、単体投資簿価と売却価格の差である。しかし、連結の売却損益は、連結投資簿価と売却価格の差である。単体と連結の売却損益の差は、単体と連結の投資簿価の差から生ずるのだ。では、連結投資簿価とは何か。まず、親会社が投資して子会社にしたときに300億円払ったとする。その場合、単体の投資簿価は300億円であって、その後その子会社が儲かっても損を出しても動かない。しかし、連結の投資簿価は、その子会社が儲けたり損失を出したりすれば、その子会社の純資産とともに動くことになる。

仮にその子会社が投資後に毎年純損失を出したとする。この場合、その子会社の損益計算

問題子会社売却時の連結会計

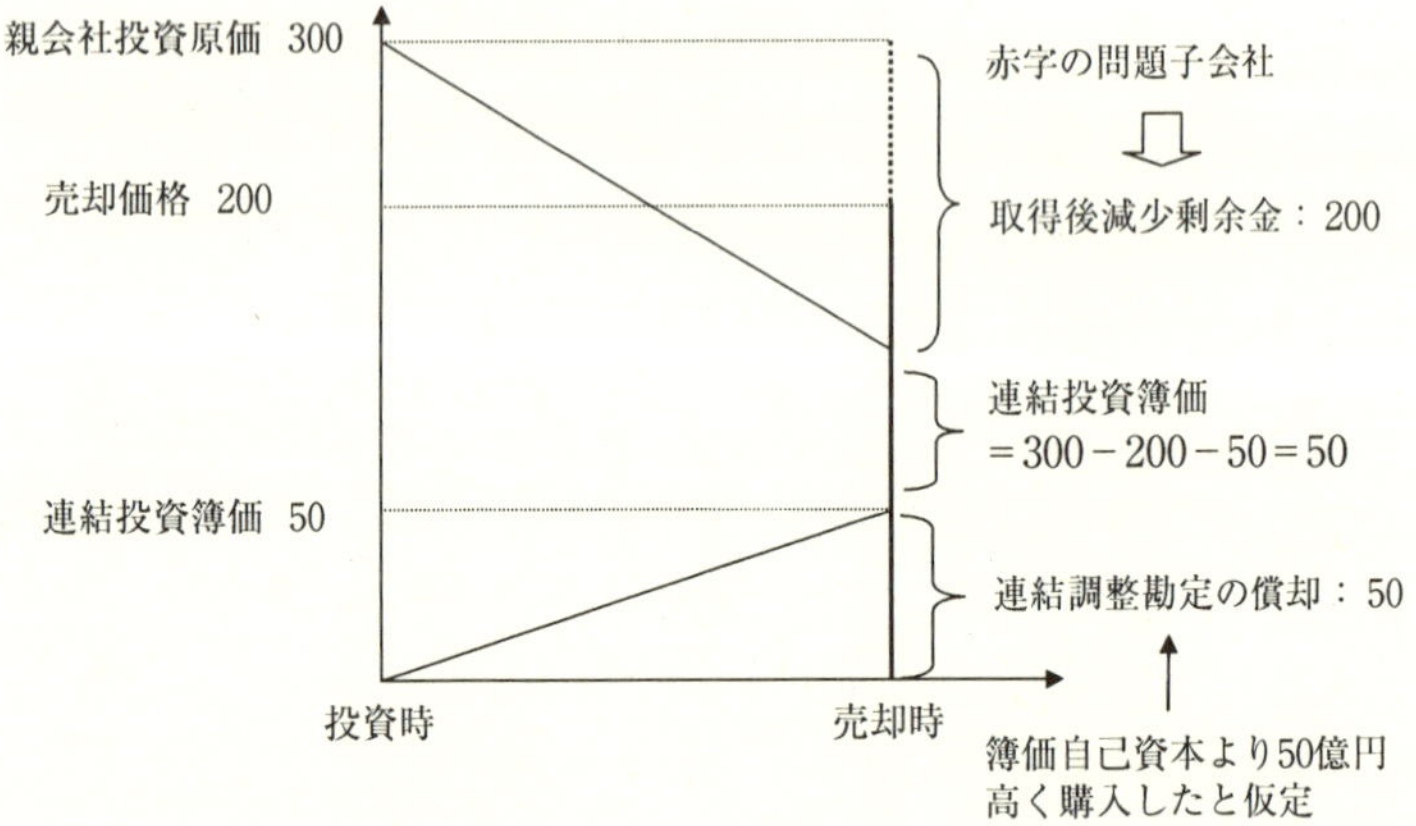

親会社の帳簿

現　金 200	親会社投資 原価 300
売却損失 100	

連　結

現　金 200	連結投資簿価 50
	連結売却益 150

書を通じて子会社の剰余金が減少していき、純資産が減少する。連結としては、損失を出したときにすでに連結自己資本で損失を認識するわけだ。投資対象の純資産が減少するのであるから、連結の投資簿価もこれに対応して減少する。連結決算を作る場合の、投資と資本の消去も、単体の投資と投資時自己資本が消去されるが、投資後の剰余金は、消去されずに残る。もし子会社の投資後の累損が２００億円だったとすると、子会社の純資産は３００億円から２００億円を引いた１００億円になり、同時に連結の投資簿価も３００億円から累損２００億円分

だけ減少して100億円になるわけだ。

さらに、買収時に親会社としては、買収対象会社の純資産よりはるかに高い買収代金を払っていたとする。この場合、その子会社の純資産と、購入価格との投資差額は、連結調整勘定として資産計上するが、連結会計上は払い過ぎとみなされて、償却する必要がある。連調償却は費用であり、同時に連結上の投資簿価を単体投資簿価から投資時純資産に向かって減少させることになる。もし、売却時に連調償却額の累計が50億円あるとすれば、連結投資簿価は100億円からさらに下がって50億円になってしまうことになる。

これがどういうことかというと、もし単体投資簿価が300億円で売却価格が200億円だったとすると、単体損失は100億円だが、連結投資簿価は50億円なので、連結では150億円のキャピタルゲインが出ることになるというわけである。単体では100億円の損失が出る一方で、連結では150億円のキャピタルゲインが出るということになれば、できないと思っていた取引がにわかにできることになることもありうる。投資時に純資産より高く買っていればいるほど、投資後の累損が大きければ大きいほど、この単体損益と連結損益のギャップは大きくなるから、問題会社であればあるほど連結キャピタルゲインが出やすいというパラドックスが生ずる。あなたのグループの問題会社を現在の時価で売却した場合の連結損益を確認してみて欲しい。処理できないと思っていたのに処理できると言うことが発見できれば儲けものだ。

さて、連結売却損益には、もうひとつ驚くべき要因がありうる。それは、未実現利益の戻りの問題だ。親会社から子会社へ株式や土地を売却したとすると、キャピタルゲインが出たとしても連結上はグループ内の内部取引なので、消去されてしまう。しかし、その子会社が他社へ売却された場合、消去された未実現利益が実現したということで戻ってくるのだ。もし、今の例で、その子会社に、簿価よりも50億円高い時価で土地を売却しており、その取引により単体では認識されるキャピタルゲインが連結では消去されていたとすれば、その子会社の売却により、過去の売却取引が内部取引でなく外部取引になるので、消去された50億円が連結決算上戻ってくるのである。したがって、合計のキャピタルゲインは、売却価額の200億円から連結上の投資簿価50億円を引いた150億円に、未実現利益の戻り分50億円を足した合計200億円となる。あなたのグループの未実現利益のリストを確認してみるといい。ひょっとすると、連結自己資本の充実に役立つ、お宝が隠れている可能性がある。

法人取引と連結事業部の括り

M&A取引を企画する場合には、取引対象事業の括り方を考える必要がある。付加価値を構成するバリューチェーンの一部にすぎないのに、法人を売却すれば財務が捉えやすくて取引が簡単だという理由から、子会社を売却しようとすることがある。しかし、買い手としては連結事業のかたまりに興味があっても、中途半端な事業の一部は買いたくないのが普通だ。売却する側としても、事業の一部である子会社を仮に売却できたとしても、残った組織が事業の一部であれば事業継続もままならず困ってしまう。この意味では、事業を売却するときは、親会社の事業部、そしてその事業部に連なる子会社も含めた連結事業部の括りを原則として対象とすることが望ましい。

売却対象が連結事業部である場合は、連結事業部の連結財務諸表がすでに出来ていなければ、新しく作成する必要がある。このためには親会社の事業部に企業価値を持たせなければならない。その事業に関する営業資産、営業負債、投融資を抜き出して帳簿上の企業価値を積み上げ、これを資金的に支える社内借入や社内自己資本をつけて事業部のバランスシートを作らなければならない。そうすれば、これに対応した事業部の損益計算書の作成が可能になる。事業部の財務諸表ができれば、事業部管轄の子会社の財務諸表を集めてこれを合算し、内部取引を消去して、外部から買って付加価値をつけて外部に売るまでの事業活動を表す連結事業部の財務諸表を作成することができる。

M&A取引の対象になる事業は、1つの子会社であることもあり、親会社事業部と複数の子会社・関連会社を含む1つの連結事業部であることもあり、多くの連結事業部を含むひとつの連結事業本部であることもある。これまでは連結事業部の一部と考えていた関係会社のなかで、継続保有する事業に必要な機能を含んでいるので売却できないとか、大きな不良資産を持っているので、切り離さないと売却できないとかいうこともありうる。海外子会社は手続きに時間がかかるので、タイミングをずらすというように、大きな連結事業体を売却する場合、固まりごとに移転手続きのフェーズ分けをすることも必要になることがある。取引対象事業は、括り方により、買い手候補も異なるし、買い手候補との交渉の仕方も異なりうるので注意が必要だ。

売却対象事業にとっての取引メリット

大企業グループが経営企画部で自分の事業ポートフォリオを評価したうえで、これを最適化するために、一部の連結事業部の売却を考えることがある。このとき、気をつけなくてはならないのが、売却される事業に働く人々の気持ちである。売却する側の論理と売却される側の論理は異なる。なぜ我々が売却されなければならないのか、と怒りを覚える人もいる可能性は高い。

そこで、事業を売却する場合には、売る会社と残る人だけでなく売られる売却対象事業とその従業員にとって、その売却にはどのようなメリットがあるかということを考える必要がある。売る方がその気になっても売られる方がその気にならなければ、あらゆる妨害行為が可能で、取引はスムーズに起こらない。売却対象事業の情報が出てこなければ買い手は事業の企業価値を公正に評価できないし、売られる事業の従業員が嫌がっているとわかれば、買い手としてもそんな面倒が付いてくる事業は引き受けたくないと思いがちである。

売却される側にとってメリットがある取引は、実はないわけではない。たとえば、これまで業界の中位だった事業が競争相手に売却されて、業界の上位に躍り出ることになれば、事業として競争力が強化されることになるので、その事業のために働く人たちにとっても悪い話ではない。垂直統合のように、バリューチェーンの前後に事業の守備範囲を広げてコントロールが強化され、サプライチェーン・マネジメントがやりやすくなることもある。互いに持っていなかった強みを合わせて、双方の事業が単独でやるより強化されることは十分にありうるのである。売る方は売る方だけの理由をもって利己的に取引を行うのではなく、親に売られる子供たちの気持ちにも配慮して取引を企画すべきである。

売却するか継続するか

M&Aを企画するためには、はじめにグループの事業ポートフォリオを評価し、将来のビジョンや、現状から将来のビジョンに至るまでの戦略的選択肢を検討する必要がある。戦略的に継続して保有する必要があるものを良く考えないで売却しては、後の祭りで後悔することになる。逆に、戦略的にいつか売却しなければならない事業は、無理をして維持し続けてもたいした意味はない。

経営者としては、長期的に勝ち残るために、事業を継続し強化するか、あきらめて第三者に売却するかを検討する必要がある。取引が始まってしまえば、取引実行に向けて動き出したプロジェクトは簡単には止まらなくなってしまう。戦略的選択肢の検討は、M&A取引を始めてから行うのでなく、M&A取引を選択する前に済ませておかなくてはならない。

全部売るか第三者と統合するか

売却するという選択肢の中にも、全部売却して撤退する方法と、一部売却で第三者と統合して出資部分を残し競争力を確保する方法とがある。自分ひとりではやっていけないと思っても、業界の競争相手と水平統合することによって、規模の利益を確保できて生き延びる見込みが出てくることは多い。全部売ってしまえばその事業はおしまいだが、第三者と組んで生き延びられるのであれば、統合も選択肢のひとつである。

経営者や経営企画部は、自社グループの中だけで戦略的選択肢を判断してはならない。自社内のリソースだけでは明らかに競争力不足であっても、第三者の事業と統合することによって競争力ができる場合は、統合することが事業にとっていいことになり、統合してやっていけるのなら全部売却せずに合弁会社にしておいてもいいかもしれないのである。

自分でやるか買収するか

グループにとって非常に重要で強化したい事業があるときに、自分で投資して自分で行うか、外部に存在する事業を買収して強化するかは重要な戦略的選択肢である。自分で研究開発を行い、工場を建設し、従業員をトレーニングして生産させ、販路やサービスを企画・実行していくことは結構な時間がかかることである。そんな時間はないと思われる場合には、すでに存在する事業を買収することによって時間を買うこともありうる。これは、住宅として新築がいいか中古がいいかという選択肢に似ている。新築にすれば、何でも企画できるが時間がかかる。中古にすれば、すべて思うようにはいかないが、すぐ使えるというわけである。

製品や業界によってはスピードが命で、全部自分でやると遅くなり過ぎそうな場合は、存在する事業を買収して必要なバリューチェーンの規模を作り上げることも選択肢の1つである。

プロジェクトチームは少数精鋭

大きなM&A取引を企画実行しようと思えば、これを担当するM&Aプロジェクトの立ち上げが必要になる。このとき取引の規模が大きいからといって、大きすぎるチームを組成してはならない。入りたい人を皆入れると、プロジェクトチームはどんどん大きくなるが、これは喜ばしいことではない。人がたくさんいると、意思決定に時間がかかるし、リークされる可能性も高まる。全体像のうち、ごく一部しか把握していない人もたくさん出てきたりすると、進行状況をシェアしたり説明するだけで非常にややこしいことになる。プロジェクトチームは少数精鋭の考え方で組成すべきである。賢くて働き者で責任感のある人を少数選抜して欲しい。

アドバイザーも、それほどたくさん人が必要なわけではない。私は企業価値が数百億円、数千億円の取引でも2－3人で十分できると思っている。顧客はたくさんの人が少しずつ答えることを望んでいるのではなく、1－2人がすべて答えてくれることを望んでいるのである。我々はすべてをあらかじめ知っているわけではないが、顧客の聞きそうなことをあらかじめ予測して解答を事前に調べておくくらいのことはできる。

この意味では、最近の大手弁護士事務所にはちょっと文句を言いたい。こちらとしては1－2人にすべて答えて欲しいと思っているのに、やたらたくさんのタコツボ専門家が出てきて、自分の専門についてちょっとずつ答えるということが増えてきている。確かに法制度は複雑になり、新会社法の専門家、株式交換や会社分割制度の専門家、独占禁止法の専門家、株式発行の専門家、税務の専門家等が出てくることがわからないでもないが、全体像をあまりたくさんの人々に説明することはこちらとしても面倒だし、その時間にお金を払わなければならないのはいかがなものかと思う。

経営企画・財務・経理の参画

少数精鋭が望ましいとはいっても、必要な人はそれなりに入れておかないとプロジェクトがスムーズに進まないことになる。グループ戦略との整合性を考える上で、顧客の経営企画部からの参加は必要だし、M&A取引には準備取引として銀行と折衝しなければならないことも多いため、財務部からも参加してもらうことが望ましい。また取引の仕訳を前提とする親会社や連結財務諸表に対する効果等を考える上でも、経理部の人も入っていたほうが話はしやすい。

M&Aの対象事業が、単なる一法人でなく、親会社事業部と複数の関係会社を含む連結事業部であったりすれば、会計システムから必要なデータをダウンロードしてくる必要もあるので、情報システム部門の担当者も参画が必要になることがある。

統合後の企画

事業統合取引を行う場合に、水平統合における重複部分の削減を企画するとか、垂直統合によるサプライチェーン・マネジメントの仕組みを考えるとかいうことは、統合後のシナジーを左右することになるのでもちろん非常に重要である。シナジーを明らかにしないと、取引に払えるコストもわからないので、シナジーを無視して良いわけはない。

しかし、組織制度のすり合わせ、人事制度のすり合わせ、システム統合のすり合わせなどの取引後の統合問題（After Merger Integration）を、M&A取引そのものと混同すべきではない。取引で達成しようとする取引後の企画と取引そのものの進行が混同されてしまうと、取引後の企画にかかる時間によって取引の交渉そのものが不必要に長引いてしまうことになるので注意が必要だ。取引を進めるために、どの程度のシナジーが発生しうるかの概算は取引そのものの成立のために必要であるが、取引後に決めればいいことを取引前にすべて決めておこうと考えると、取引に対する参加者が多くなりすぎて、いつまでたっても取引が進まなくなってしまうのである。

インフォメモの意味と内容の範囲

さて、ある事業を売却しようということになり、その事業が非上場会社や、上場会社の一部分である場合には、まずインフォメーション・メモランダム（インフォメモ）を作成しなければならない。これは、上場会社の有価証券報告書のようなもので、これを見れば売却対象事業の事業内容や財務の概要がわかるようなものである。

事業を売却するためには、秘密保持契約を前提として、買い手候補に対して大量の資料を開示する必要がある。いずれはデータルームに膨大な資料を置いて、買い手にデューディリジェンス（買収監査）をしてもらうわけだが、まずは、買い手にデューディリジェンスをするだけの興味を持ってもらう必要がある。このための資料を多数の買い手候補に少しずつバラバラ出していては、情報のやり取りが長期化し、混乱して非効率極まりない。情報を要求される売却対象事業の人たちも「何度にも分けずに、いっぺんにいってくれ」と怒り出す。

こんなことにならないように、あらかじめ説明をしなければならないことが明白な情報を一気に収集し、1回で済むような情報のかたまりとしてインフォメモを作成しておくわけだ。

デューディリに進む興味があるかどうか

インフォメモを渡すことによって、売り手は複数の買い手候補に対してたくさんの情報を何度も提供する必要はなくなる。これだけ見てデューディリジェンスに来る位の興味があるかどうか決めて欲しいといえばよいのであって、売り手としては、この段階で個別の細かい質問に答える必要はない。

インフォメモは、買い手候補としては、それだけ見てデューディリに進みたいだけの興味があるかどうか判断できなければならないので、一定の情報は含まれている必要がある。しかし、買収の意思決定に必要な情報をすべてその中で記述することは、とんでもない時間がかかるしその必要はない。事業にかかわる文書は膨大だし、その内容を1冊のインフォメモに収めることは不可能かつ非現実的である。インフォメモの中に記述されていなくても、デューディリジェンスを行うときにデータルームにすべての事業関連書類を入れておけばそのときに確認することになるので、売り手は買い手候補の質問に対して、「デューディリでご確認いただきます。」と言えばいいのである。「デューディリに行きたいかどうか判断するための情報」と「買収を決定するために必要な情報」は異なる。後者の方が広い。インフォメモは事業の概要を知ることができる必要はあるが、すべてを記述する必要はない。

エグゼクティブ・サマリー

インフォメモを渡すためには、その前提として買い手候補に守秘義務契約を結んでもらう必要がある。買い手としての興味はまったくないが、競争相手の情報は知っておきたいというような会社がインフォメモを入手したいといってくる可能性があるため、事業購入目的にしか使わないという前提で守秘義務契約を結んでもらうのである。

インフォメモには、事業と想定取引の概要をエグゼクティブ・サマリーとしてつけることが多い。これは、インフォメモを詳細に読む前に概要を把握するためのものだが、守秘義務契約を結ぶ前にも使われる。守秘義務契約を結ぶかどうかも買い手候補にとっては重要な意思決定なので、何も情報がなければ決められなくなる。そのため、守秘義務契約を結べないという買い手候補に、本当の名前を隠したノーネームベースでインフォメモのエグゼクティブ・サマリーだけ見せて興味があるかどうか確認することがあるのである。

写真や図表の挿入と財務の概要

よくできたインフォメモには、買い手にとって対象事業の現状をわかりやすくするために、写真や図表が挿入されていることが多い。文章で説明すると長くなるが、写真で見れば

インフォメモ目次例

インフォメーション・メモランダム

目　次

一目でわかることもあるし、数字は、数字のまま出したほうがいい場合と、グラフやテーブルにしたほうがわかりやすい場合がある。インフォメモさえ見れば、買い手候補がデューディリに参加したいくらい興味があるかどうか判断できるくらいにわかりやすくなっていることが望ましい。会社の本社、工場、不動産等の写真、地図、事業の流れを示す図等は絵として入っていることが多い。

対象事業がどの程度の売上や利益をもたらすものなのかということは買い手にとって大変重要な情報である。株式の売却であれば、貸借対照表や損益計算書の概要が必要だし、営業譲渡であっても、損益計算書の売上から営業利益部分や、営業資産、営業負債の概要は欠かせない。財務を見ないと、対象事業の範囲や、支払い対価の範囲のイメージがわかないからである。したがって、インフォメモには売却対象事業の財務の概要も入れておく必要がある。過去2年分くらいの財務の実績がインフォメモに入っていることが多い。

事業担当者による将来計画作成

買い手としては、対象事業の過去の財務だけでなく、事業担当者の将来計画にも大きな興味があることが多い。どういった売上やコストを見込み、どういった設備投資が必要かというようなことは買い手にとって買収対価に影響を及ぼしうる重要な問題である。

また、事業を評価する場合に、ＤＣＦ方式（ディスカウンテッド・キャッシュ・フロー＝

Discounted Cash Flow）による評価が最も信頼性の高い方式として使われることが多い。このとき、将来10年分のキャッシュフローの予測をするわけだが、過去5年間の実績と将来3年の中期計画を参考に、将来キャッシュフローの予測をすることが多いため、当事者が作成する3年の中期計画は非常に重要であることになる。

日本では、過去5年分の実績の作成や将来10年分のキャッシュフローの見込み作成に大きな抵抗を受けることが多いが、これがグローバル・スタンダードである。過去は3年分くらいで済ませたいという会社が多いが、5年分くらいないと、実績の財務比率推移がわかりにくい。実績は本当に起こったことなので、将来の見込みを予想する上で信頼性が高い。将来も日本には5年—7年くらいにしておきたいという会社が多いが、10年くらい見ておかないと、ほとんどが残存価値になってしまう。10年にしても残存価値部分は相当大きくなることが普通だが、10年にしておけば色々なシナリオを想定して事業価値を変動させる要因（キーサクセスファクター：ＫＳＦ）を変動させて事業価値の範囲についてそれなりの感度分析を行うことができる。

アドバイザーによる修正

アドバイザーとしては、事業の経営者に3年の中期計画を作成してもらうのはいいが、信じられる中期計画と信じられない中期計画があるということもまた事実である。顧客が、過去の数字と比べて突然売上が激増してコストが激減する中期計画シナリオを書いてくることがある。これは本当にそうなりそうな根拠があればともかく、事業計画担当者が、売り手経営者の意向を受けて、できるだけ高く売ろうと鉛筆をなめていることも多いので注意が必要である。売り手のアドバイザーとしては、高く売ることが1つの目的だから価値を低く見積もりすぎてはいけないが、買い手がはじめから信用できないような、非現実的に高すぎる数字を出すことに協力してはならない。ちょっと高めは当たり前だが、高すぎて買い手の信頼を失うようなことをしてはならない。買い手がまったく信じてくれなければ、その中期計画を出す意味がないからである。この意味ではアドバイザーとしては、買い手候補に中期計画を見せる前に、合理的な範囲に収まっているかどうかをチェックする必要がある。もし業界情報誌や、証券会社のアナリストレポートのような比較的中立な資料を前提に想定できる範囲を超えて人工的な操作がされている場合は、早めに修正して交渉可能な程度の資料にしておくことが、取引における喧嘩や破綻を回避するコツでもある。

第2節　相手との慎重なコンタクト

買い手候補の選択基準

事業売却の支援を依頼されたM＆Aのアドバイザーとしては、顧客が相手と慎重にコンタクトを取るようにアドバイスする必要がある。準備ができる前に顧客に複数の買い手候補と話を始められてしまうと、情報のやり取りがコントロールできなくなってしまう。顧客内のプロジェクトチームは、社長や取締役会メンバーに指示できる立場ではなく、お願いすることがせいぜいであることが普通だ。手遅れになる前に、あらかじめ準備ができてから外部の買い手候補とお話いただくようにお願いしてもらう必要がある。

買い手候補を考える場合に重要なのは、本気で高値で買ってくれそうな人は誰かということである。冷やかしの買い手候補や情報をとりたいだけの競争相手には、重要な内部情報を開示したくない。しかし、一番シナジーがあるのは業界の同業者であることが多い。水平統合は、重複するシステム、仕入れ、流通、研究開発等が多く、重複機能の排除で確実なシナジーが見込めるからである。このため、高値で売却しようと思えば、競争相手をすべて排除するわけにはいかない。バリューチェーンの前後にも買い手候補がいることがある。仕入れ業者がバリューチェーンの1つ先まで欲しいと思ったり、流通業者が自分の仕入先を買収してサプライチェーン・マネジメントを強化したいと思ったりすることもある。部品や原材料の供給会社としては、流れを下って製造会社を買収すれば製品の流通まで企画できるようになるし、流通業者としては、流れをさかのぼって製造業者を買収すれば自分が売りたい製品を思うように作ることができるようになるわけである。

市場が国内だけでなく、アジアや世界市場になっているときは、アジア勢や欧米勢が競争相手を買収して寡占を目指すことに興味を持つこともある。国境を越えた取引になれば、相手の考え方も違い交渉にも時間がかかるので取引は大変になるが、国内の会社より大きなシナジーが得られる場合には、売却価格を高くできることがある。

買い手候補リストの作成

上記のような基準を考えた上で、外部に話をする前に、可能性のある買い手候補のできるだけ網羅的なリストを作成すべきである。視野はできるだけ広く持つべきで、大きなシナジーをもち、高い代金を払ってくれる可能性のある相手があるのに、手近にいる友達に安値で売ることもないかもしれない。ただあまり欲張って面倒くさい手続きになれば、取引が予定した期限内に成立せず、困ったことになるかもしれない。状況によって、適切な買い手候補をリストから選択するということが望ましい。

リストの全体像を把握する前に、特定のやりやすい相手とコンタクトしてはならない。お友達と交渉を始めてしまえば、そのまま進んでしまって、本当は価格や条件面でもっと有利な取引を見逃してしまうかもしれないからだ。買い手候補者のリストは、取引機会のリストなのである。あとでその人たちが出てきて、本当はこの会社のほうが良かったといっても手遅れになることもある。リストの作成にあまり時間をかけすぎてもいけないが、大体この人たちという全体像は見ておく必要がある。

候補中のプライオリティー

買い手候補のリストを作っても、その全社にコンタクトする必要はまったくない。優先度をつけて、優先度の高い数社にコンタクトすれば十分である。ただ、全社から断られては取引が成立しなくなるし、1社しか残らなければ交渉の余地がなくなってしまう。必ず成立させたい主要条件が残っているうちは、複数の相手と交渉し続けることが必要である。

交渉相手の数が少なくなりすぎた場合は、買い手候補リストを眺めながらプライオリティーを考え、適度な数を維持することが必要である。本命の交渉相手にばれたら大変なので、交渉は1社とだけにしたいという顧客も多いが、本命の交渉相手に隠す必要はない。本命の交渉相手がこちらの主要条件をすべて飲んでくれているなら、交渉相手を増やす必要もないが、独占交渉にするのであれば、こちらの主要条件をできるだけ受け入れてもらって、その相手との取引が一番になるように交渉すべきである。

顧客の誰が相手企業の誰にコンタクトするか

買い手候補とコンタクトする場合に、こちらの誰が向こうの誰にコンタクトするかということが大事である。会社を売却するという話は、こちらの中堅サラリーマンが向こうの知らない中堅サラリーマンにするような話ではない。こちらのできるだけ高位の経営者が、それなりに知っている買い手候補の一番高位の経営者にこっそりすることが望ましい。企業の買収には大変な時間がかかるし、下手に市場にリークされれば、事業の価値が落ちてしまうこともありうる。お互いの信頼関係がなければ、貴重な時間を費やして交渉する気にはならないだろう。

顧客が相手企業に適切なコンタクトを持たない場合は、アドバイザーがコンタクトすることもありうる。この場合も、相手の状況を事前に調べた上で、しかるべきランクの人が、相手のしかるべき人に声が漏れない部屋でこっそりお話しすることが望ましい。

欧米の投資銀行が、会社の売却話を電話、ファックス、メールですることがあるが、これは基本的に、それほど可能性がないと思っている場合である。本当は、会社の売買の話を知らない人に電話で始められるはずがない。可能性があると思う場合は、知っている顧客に面談を申し込んでこっそり話すのが当たり前である。

こちら側でも相手側に企業売却の話を持ちかけるということは、自分の信用をリスクにさらすということである。つまらない話を持ち込んでは、これまで相手が自分に持っていた信用を失い、もう会ってくれなくなる可能性もある。友人関係、知人としての信頼関係をリスクにさらすことになるのであるから、慎重な対応になることが普通である。その話をしに行きたくないと誰かが言う場合には、まずその理由を聞いて対応を考えるべきである。

どんな情報を開示するか

買い手候補の経営者に知り合いが見つからず、買い手候補の部課長あたりから始めなければならない場合、対象企業の名前を隠した1ページ概要であるエグゼクティブ・サマリーをやり取りすることがある。お互いに信頼関係があるとはいえないが、相手の担当者としては情報がなければ上に上げられないということがよくあるため、売却対象事業の実名を隠した、1ページの状況概要を渡すのである。欧米の投資銀行では事業の売却が始まりそうなときに、スペシャル・シッツ（Special Situations）と呼ばれる1ページが東京支店に廻ってきて、これを、興味がありそうな日本顧客に話してくれといわれることが良くある。

興味があるという客には、守秘義務契約を結んでもらって、インフォメーション・メモを渡してデューディリに進むような興味を持てるかどうか検討してもらうことになるのだ。

守秘義務契約

秘密を守れるかどうかわからない相手に、顧客の秘密情報を開示するわけにはいかない。顧客の売却対象事業を購入したいという真剣な興味がある相手にだけ情報は見せたいものである。業界の競争相手が、事業購入の興味はないのに競争相手の情報を入手しておきたいということでインフォメモを欲しがることがある。そのような競争相手の手に内部情報や会社の売却スケジュールが渡って、共通の顧客のところであの会社は売りに出ているというようなことをおしゃべりされてはたまらない。顧客が逃げていけば、事業の価値はあっという間に下がってしまうからである。このような邪魔者を排除するために、売却対象事業について詳しい情報を知りたいという相手に対しては、守秘義務契約を結んでもらうことが普通である。

守秘義務契約には、情報は売却対象事業の購入の検討のためだけに用い、他の目的にはこの情報を使用しないと書いてある。競争相手に、売却対象事業の評判を落とすために開示した情報を使われては困るので、このような契約を結んでもらって相手が事業の買収の検討に真剣かどうかを確認するのである。業界の利害関係者としても、守秘義務契約を結んだのにこれを破ることになれば、損害賠償請求がありうるので、いくらインフォメモが見たいからといっても、守るつもりのない守秘義務契約の締結はしないように気をつけるべきである。

第3節　デューディリジェンスに対応する方法

デューディリ以前に開示すべき情報

売り手の情報開示は、インフォメモを経て、デューディリジェンスに進むわけだが、ここで注意しなければならないことがある。企業売却時の情報開示について、インフォメモに書けないような重大問題で、かつデューディリで発見されるのはまずいような事項がありうる

情報開示のプロセス

買い手候補の興味確認 → デューディリジェンス …

コンタクトの前の準備

✓何度も現場を邪魔して事業の継続を妨げないようにインフォメモを準備

この段階の情報提供の範囲?

✓買い手候補がデューディリジェンスに行きたいかどうか意思決定できるに必要なだけの情報

✧*データルームにあらゆる情報を準備し、開示する*

✧*法務、会計、税務、環境、ビジネス等*

… 交渉とプレスリリース

✓デューディリで発見された問題点について、価格の決め方によっては価格の調整が必要

✓デューディリで開示されていなければ、売り手が事実の表明、保証で責任を問わなければならない可能性が高い

✓プレスは思うようにはならないが、おかしなことを書かれるよりはこちらから簡潔な状況説明をした方がまし

ということである。まずインフォメモは、事業の概要がわかってデューディリに進んでくれることを求める資料であり、重要な事項を網羅する必要があるが、守秘義務契約を結ぶとはいえ、かなりたくさんの買い手候補に見せることになるので、その情報を開示したときに相手の顔を見たいような情報は、インフォメモでの開示になじまない。

そうかといって、インフォメモで言わなかったことをデューディリで発見されて、「なぜこんな重要なことをこれまで言わなかったのか。」と非難されることは困る。買い手の売り手に対する信頼が崩壊するような情報の隠し方はすべきではない。デューディリで発見されても構わないのは、こまかい価格調整事項であって、大問題はデューディリを始める前に解決しなければならないのである。デューディリで発見されれば信頼関係が破綻し、取引を壊してしまうような重要な問題点は、隠してデューディリジェンスで相手に発見されるのを待つのではなく、デューディリジェンスの前にタイミングを見て相手の顔色を見ながら自分から告白しておくことが重要である。

結婚しようと思っている相手からの過去の過ちについての告白は、自分から告白する限り、タイミングを考えればたいていのことは許してしまうものである。しかし、隠しておいて後でばれたということになると、裏切られたという思いが結婚そのものを壊すことにもなってしまいかねないのである。

デューディリジェンスの意味

インフォメモを見て次の段階に進む興味があるという買い手候補を数社確保できれば、デューディリジェンスに進んでもらうことになる。この段階であまり多すぎる買い手候補にデューディリジェンスをさせるのは手間がかかるが、1社だけにしてしまうと、後で主要条件について交渉しづらくなるので、デューディリジェンスに進む買い手候補を複数確保することが望ましい。3社から5社くらいでいいだろう。

デューディリ（買収監査）は、資産について帳簿上は価値があるのに実際は価値がないとか、簿外の負債があるとか、買い手候補にとっての問題点を洗い出し、価格に反映させるものである。これまで話に出ていなかった問題点を発見し、それが企業価値を減少させる要因である場合は、売り手としても価格を下げざるを得ないことも多い。特に時価純資産方式で価格を合意し、その前提となった資産や負債の価値が異なることがデューディリで明らかになれば、価格は調整せざるを得ないであろう。しかし、すでに話し合ってきた既存の問題であれば、デューディリジェンスで見つけても、単なる確認であり新しい発見ではないので、価格調整の必要はないということになる。価格の合意がＤＣＦ価値や評価倍率による価値によっていて、デューディリで発見された資産や負債の問題がＤＣＦ価値や評価倍率にまったく影響を及ぼさない場合にも、価格調整の必要はないことになりうる。

データルームに置く書類の範囲

デューディリジェンスを行うにあたって、売却対象事業関連の資料を置く部屋のことを、データルームという。データルームは、そこで資料が読めるように、机と椅子も置いておかなければならない。資料は、コピーを許す資料と許さぬ資料を分け、コピー機を置いておくことが望ましい。資料は整理・分類して整理番号を振っておく。

データルームには、事業に関連するすべての書類を隠さず置いておくべきである。なぜなら最後の売却契約の中に、事実の表明と保証という部分があるからである。これは売り手が買い手に対して、一定の重要な事実が正しいことを表明し、一定の内容について保証するものである。もし表明した事実が間違っていたり、保証したことについて問題があったりすれば、売り手は買い手に対して後で法的責任をとることになる。このときに、売り手は、これまで開示した内容についてはその内容が事実であることを表明し、開示した内容以外に問題がないことを保証することになる。したがって、売り手としては、問題を契約書締結まで隠し通しても、問題を先送りしただけで、その問題が発覚したときに責任を取らされることになる。いずれ発覚する問題であれば、その事実を自分で述べるか、データルームの中に関連資料を置いておき、買い手に発見してもらうかのどちらかである。

大きな問題ならデューディリを始める前にあらかじめ言っておいたほうがいいが、たくさんある小さな問題ならデューディリで相手方に発見させる方法もある。データルームに問題関連資料を間違いなく入れておけば、売り手としては開示責任を果たしたことになり、取引が終わった後で「事実の表明と保証」条項によって責任を問われることを回避することが可能になる。問題書類は間違いなくデータルームに置いておき、買い手としては問題の存在を確認できたはずなのに気が付かず、これを交渉の俎上に載せなかったのは買い手のミスであると後でいえるからである。

弁護士、会計士、税理士その他

デューディリジェンスというのは、1つの専門化された作業であり、法務、会計、税務について、買い手が弁護士、会計士、税理士を雇って行うのが普通である。弁護士は法律上の問題点、会計士は財務上の問題点、税理士は税務上の問題点を発見し、指摘することがその役割になる。

売り手としては、重要な問題は、買い手にデューディリをさせる前に、自分でも確認しておくべきである。こまかい問題はいいとして、あまり重要な問題を自分で気づかず買い手側から指摘されるというのは格好が悪い。売り手としては、自分でも予想しないような問題点を相手に発見されて非難されることを回避するために、自分でも弁護士、会計士、税理士を雇って、データルームに開示する資料を事前にチェックし、問題を洗い出しておくことが望ましい。これは、デューディリジェンスを始める前に売却側で行われることになる。売り手のプロジェクトチームでは、売却対象事業関連の書類を集めてきてリストを作り、データルームに置いて、買い手候補のデューディリを円滑に進行させなければならない。

法務上の問題としては、事業の移転によって許認可が切れてしまうとか、支配の移転によって重大な契約が切れてしまうとかいうことがないかどうか確認しなければならない。法的問題の中には、解決の選択肢がいろいろあったり、解決不能で価格に反映せざるを得ないものがあったりする。会計上の問題が発見されれば、それが売却価格に影響を与えるものかどうか検討して交渉に反映される必要がある。税務上の問題としては、将来問題になりうる偶発債務の問題が厄介である。これまでやってきた税務処理に問題があるかもしれず、買ったあとで課税される可能性があるということになると、買い手としてはそれが起きたら売り手に責任を問いたいところだが、売り手としてはこれまで問題はなく売却後の問題を引き受けるのは気が進まないということで揉めることが多い。

このような法務、会計、税務上のデューディリに加えて、買い手や、買い手のアドバイザーがビジネスデューディリジェンスを行うこともある。これは買収後どのようにしてシナジーを最大化するか調べたり、企業価値に影響を及ぼすビジネス上の問題点を発見して交渉のテーブルに載せたりするためである。水平統合において同業他社を購入して、重複部分を解消してシナジーを稼ごうとすれば、重複機能部分についてあらかじめ知っておかなければシナジーの見込を計算できない。垂直統合においては、自分がやっていない機能を持つ相手を買収することになるのでビジネスデューディリジェンスは特に重要である。
建物にアスベストが使われているとか、工場の敷地に汚染物質があるかもしれないとか環境上の問題があると思われるならば、環境の専門家に調査してもらうこともありうる。

デューディリ期間

デューディリ期間は、売り手にとっては、長いより短いほうが良い。デューディリジェンス期間をあまり長く取ると、取引が遅れるので、デューディリジェンス期間は長くても1週間程度と短めに設定されることが多い。あまり長引いて取引が遅れれば、対象事業に支障が出かねない。また、あまり細かい問題点を大量に発見して交渉の俎上に載せられると、交渉が延々と長引いて大変だということもある。売り手側からすれば、買い手が発見する時間がなければそれはそれでかまわない。見せたのに気がつかず問題を指摘してこなかったのは、買い手が悪いと後でいえるからである。

買い手としても、あまり延々と時間をかける必要もないが、短い時間の中で問題点をすべて把握しようと、大人数の弁護士、会計士、税理士チームを送ることになる。複数の買い手候補たちが、それぞれ多数の専門家たちを雇ってデューディリを始めると時間もかかるし、作業が重複するということで、複数の買い手が共同して弁護士、会計士、税理士を雇って、デューディリジェンスを行い、レポートを共同して利用するということもある。

第4節　良いM&A取引を確保するための交渉

複数の売却先候補から絞り込む

事業を売却する会社が相手方と交渉する秘訣は、1人の買い手候補ではなく複数の相手と交渉することと、相互に同じ程度のものを譲ることである。M&Aの交渉は結婚のためのお付き合いとは違う。結婚のためのお付き合いで、相手に隠して複数の相手と同時につきあうのはルール違反であり、信頼できない性格だとみなされても仕方がない。しかし事業の売却でプロセスを有利に運ぼうと企画するのは、自分の株主に対して株価をあげる責任を持つ事業会社としては当たり前である。

M&Aのための交渉は、売却代金、経営者や従業員の維持、事業統合時の支配の獲得など、結果としてどうしても獲得したい条件があることが多い。この場合、相手が1社だけでこちらが取引を望んでいることがわかると、足下を見られて望んでいる条件を満たせなくなってしまいがちである。こちらが主要条件を満たすことより、取引を成立させることを優先していると読まれてしまえば、相手はこちらがその条件をあきらめるまで嫌だと言い続ければいいだけだからだ。これに対して、取引売却先の候補が複数あれば、主要な条件を1つひとつ満たしてくれるかどうか確認し、満たしてくれる人だけ残していけば、1社になった段階で主要条件はすべて満たされ、詳細な条件交渉だけ残った1社と行うというシナリオを望むことができる。主要条件を満たしてくれなければお引取り願う余裕がこちらに生まれ、相手が取引の成立を主要条件の受諾より優先していれば、条件を飲んでくれるはずだからである。主要条件がクリアーされれば、相手が1社しか残っていなくても、相互に譲る条件交渉は可能なので、取引を成立させることができることになる。

売却事業の範囲

売却事業の範囲は、事業の付加価値の範囲、こちらの都合と相手の都合による。たまにメインバンクが財務上困難に陥っている事業会社顧客に対して、主要子会社を売らせることがあるが、その子会社が単独の事業を行っているか、連結事業部の一部に過ぎないかは落ち着いて観察する必要がある。法人が分かれていると取引が株の売却で済むので簡単に見えるかもしれないが、事業は、親会社の事業部とその事業部が管轄している子会社および関連会社群で行われているかもしれない。親会社の事業部が事業の企画をし、管轄する子会社・関連会社に、原材料の調達、製造、地域別の販売、研究開発等を分担させていることはよくある。この場合、連結事業部が付加価値を提供する1つの事業単位なのであって、子会社1つは連結事業部の一部に過ぎない。製造子会社1つを売ってしまって、親会社の企画、原材料の調達、製品の販売子会社を残したところでもともとあったバリューチェーンの一部だけ残ることになり、残存部分の価値がなくなってしまう。この意味では、売却しようとする場合、グループの事業関連組織をすべて連結してそれを売却しなければならないことになる。

しかし、そうはいっても、連結事業の括りだけでなく、こちらの都合と相手の都合というものもある。こちらとしては、調達子会社はほかの事業のためにも調達しているので売りたくなかったり、販売子会社はほかの事業の製品も販売しているので売りたくなかったりする。相手としては、販売網は持っているので製造拠点だけ買いたかったり、製造は自分がやっているので販売網だけ欲しかったりすることもある。そうなれば、お互いに、売りたい範囲と買いたい範囲が異なってくるので交渉が必要になる。

経営の主導権

こちらが売却により完全に事業から撤退する場合は、経営の主導権を買い手がとることに争いはないが、業界の水平統合で、合弁会社を作る場合にどちらが主導権をとるかは、重要な問題になる。これは、合併するときにはどちらが吸収合併の存続会社になり、どちらが消滅会社になるかという問題になるし、吸収分割する場合にも、どちらが承継会社になり、どちらがそこに事業を分割して放り込むかという問題になる。合弁会社であれば、合併や吸収分割後の持分比率の問題でもある。

普通はどちらも経営の主導権をとりたいので、この問題は非常にもめることが多い。双方とも合併したいのに両方とも経営の主導権を譲らないので、仕方なく持株会社の傘下で兄弟会社となってどちらの会社も残す場合も多い。こうなれば法人が1つでなく3つになってしまうので、統合のシナジーは減少してしまうことが多いのだか、合意できなければ仕方がない。まず法人が複数あっても共通化できるシナジーの実現から始め、ちょっと時間をかけて人の気持ちを慣らそうとすることが日本では多いように思われる。

システムや制度の選択

経営の主導権争いは、システムや制度の選択とも絡むことが多い。双方ともシステムの導入には大きなお金や時間をかけていることが多いため、それなりの思い入れがあり、統合後には、自分のシステムを使おうと主張することが多い。また制度も、人事制度や事業のやり方など自分の制度に慣れているため、人の制度にあわせるのが精神的に苦痛で、強制されればやめてしまうこともないわけではない。

事業を統合する場合、双方のシステムや制度を見て、良い方を使い、問題があるほうを放棄すればいいようなものだが、それぞれの制度やシステムは有機的、体系的に自社グループ内でリンクしているので、なかなかA社とB社で半分ずつというわけにはいきにくい。システムや制度の統合の問題は時間がかかるので、取引開始からそれほど遅れずに交渉を始めても、取引成立時までにすべて決着が付くことは滅多にない。したがって統合取引後の問題として、取引を担当する投資銀行というよりは、長期的なシステム・制度の統合を支援するコンサルティング会社が関わることになるのである。

アドバイザーの役割

M&Aのアドバイザーには財務アドバイザー、法務アドバイザーとしての弁護士、会計アドバイザーとしての会計士、税務アドバイザーとしての税理士等がいる。弁護士、会計士、税理士は、専門的な知識に基づいてアドバイスするのだが、これをコーディネートする役割も果たすのが、財務アドバイザーである。

財務アドバイザーは、顧客のM&A取引の実行の全体像を支援するもので、アメリカのインベストメント・バンク、イギリスのマーチャント・バンク、日本の銀行、証券会社等がこの役割を果たすことが多い。ただし、イギリスのマーチャント・バンクは自己資本が小さかったため大手の銀行に買収されて、ほとんど消えてしまった。私もファースト・ボストンのM&A部門、ペレグリンの投資銀行部門にいた頃に、財務アドバイザーの役割を果たしたが、アンダーセンやベリングポイントというコンサルティング会社の財務戦略部門でもこの役割を担った。投資銀行の場合には、取引が存在してその実行のために雇われることが多いが、コンサルティング会社の場合には、取引の実行だけでなく取引の企画や取引成立後の統合にも関わる可能性があり、より関与のスコープが広い。

M&Aの利害関係者

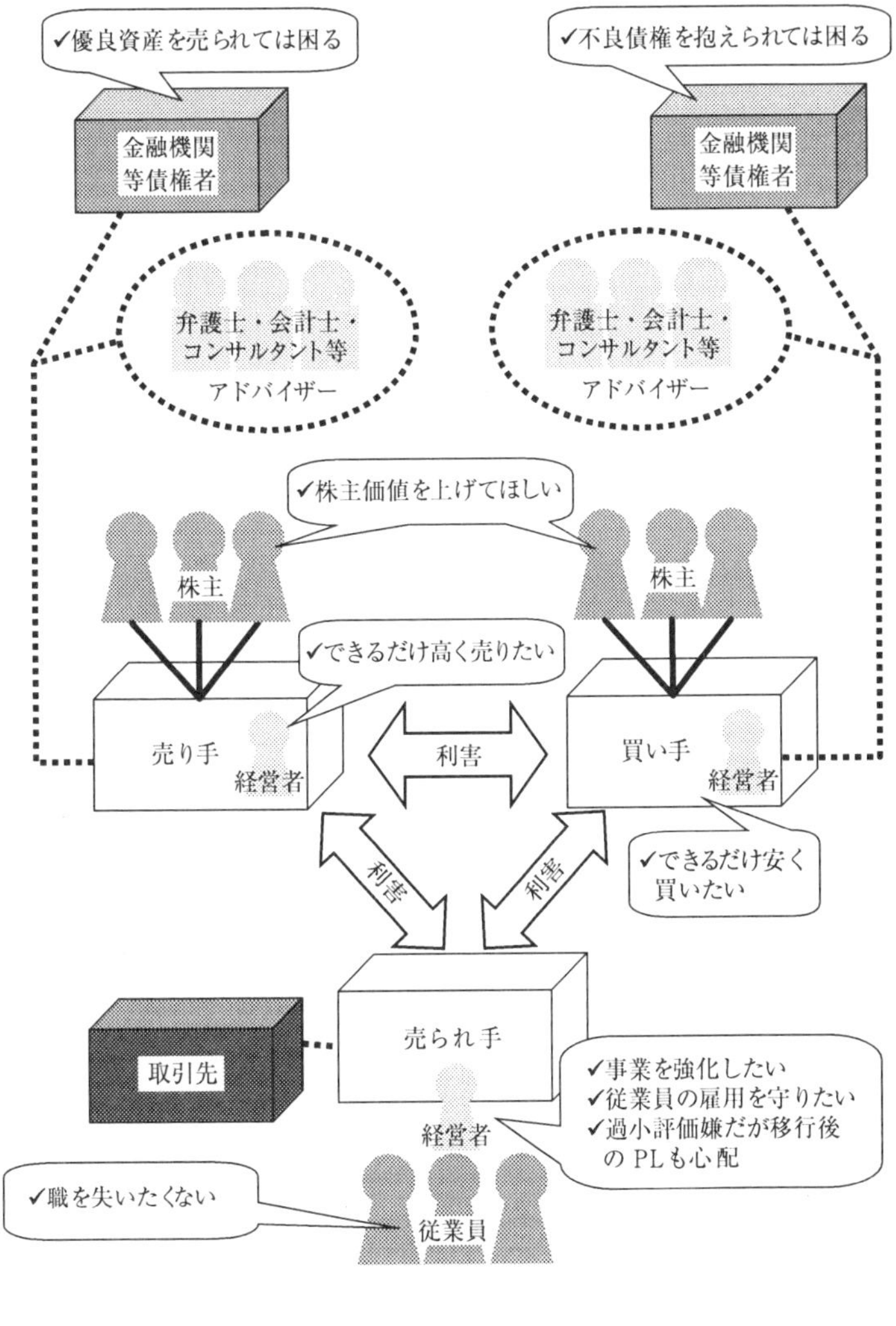
✓優良資産を売られては困る
金融機関
等債権者
✓不良債権を抱えられては困る
金融機関
等債権者
弁護士・会計士・
コンサルタント等
アドバイザー
弁護士・会計士・
コンサルタント等
アドバイザー
✓株主価値を上げてほしい
株主
株主
✓できるだけ高く売りたい
売り手
経営者
利害
買い手
経営者
✓できるだけ安く
買いたい
利害
利害
売られ手
取引先
経営者
✓事業を強化したい
✓従業員の雇用を守りたい
✓過小評価嫌だが移行後
の PLも心配
✓職を失いたくない
従業員

投資銀行は、着手金と成功報酬で雇われる。この場合の着手金はたいした額でなく、成功して初めて投資銀行は儲かることが多い。またこの場合の「成功」とは、普通「株価の上昇」ではなく「取引の成立」のことである。しかし、事業会社顧客にとって、M&Aの成功とは、M&AのシナジーがM&Aのコストを上回り、M&AのNPV（正味現在価値：Net Present Value）がプラスになることである。NPVがプラスになれば株価が上がるはずだ。買収を行いたい事業会社にとって、買収価格が上がって買収のコストが上がり、シナジーを超えればNPVがマイナスになってやめた方がいい買収になるのだが、やめろというアドバイスを財務アドバイザーから期待することは難しい。財務アドバイザーにとっての成功は取引の成立であり、顧客にやめろということ自体、自己の利益と相反するからである。

事前の価格評価

財務アドバイザーの大きな役割の1つは、企業価値評価である。これができるアドバイザーとできないアドバイザーの価値は大きく異なる。価値評価を自分でせずに、会計士に頼むなどという財務アドバイザーは信用しない方がいい。売り手のアドバイザーは顧客ができるだけ高く売ることを支援し、買い手のアドバイザーは買い手ができるだけ安く買うことを支援することが最大の付加価値である。自分でいくらくらいが価値の範囲かわかっていないようなアドバイザーに、価値を上げたり下げたりするようなアドバイスができるわけがない。日本で銀行や証券会社が仲介に入って、売り手と買い手の言い値の真ん中で値決めして双方から手数料を貰うことがあるようだが、その値段にはどういう根拠があるのだろうか。ほとんどの場合、双方代理には明らかな利害の対立があると思う。

そもそも投資銀行は、同じ事業でも売り手に依頼されれば高めに評価し、買い手に依頼されれば安めに評価するものである。これに対して公認会計士は、公正市場価格（Fair Market Value）を測定するという立場に立ち、双方に公平な中立的な価格を計算しようとすることが多い。この結果、売り手に雇われているのに安く評価したり、買い手に頼まれているのに高く評価したりし、交渉に役立つというよりは、交渉後に依頼されて取引価格を正当化して見せるという役割を果たすことを期待されたりする。取引価格について、当事者が合意した後でこの価格の範囲に収めてくれと依頼したり、そのような依頼を引き受けたりすること自体がモラルに反していると思う。財務アドバイザーは、プロフェッショナルのプライドにかけて心から信ずる企業価値範囲を算定し、自分の顧客が有利になるように交渉すべきである。

さて、企業価値の計算は、交渉を始める前にできるだけ色々な方法で行っておかなければならない。欧米の投資銀行では、少なくとも類似企業比較方式（COMCO：Comparable Companies method）、類似取引方式（COMPAC：Comparable Acquisition method）、DCF方式（Discounted Cash Flow Method）で行うことになっている。どうやって計算するかについては後で説明する。多くの方法によって計算することによって、どの方法を使えばいくらの価値になるかがわかり、交渉のときに数字を挙げずに評価方法を合意し、顧客に有利な結果をもたらすことが可能になる。

デューディリで発見された問題の反映

買い手候補がデューディリジェンスで発見した問題点は、価格に反映すべき場合と反映する必要のない場合がある。先に、時価純資産方式で価格を合意していた場合には、その前提としての資産や負債の価値が異なることが発見されれば、価格を変更せざるを得ないだろうと述べた。

しかし、すべて価格に反映すべきというわけでもない。例えば、キャッシュフローの現在価値でこれまで売却価格を考えてきたとすれば、デューディリによって資産に引当が必要なことが発見されたとか、簿外の負債が発見されたとしても、これまで想定していたキャッシュフローに影響がなければ、売却価格を下げる必要はないかもしれない。一方、これまでのキャッシュフローの想定に影響を与えるような事実がデューディリで発見されれば、これを反映しないわけには行かないだろう。

また、事業価値の営業利益倍率でこれまで売却価格を設定していたとして、デューディリで経常営業利益に影響を与えるような事実が発見されれば価格変更の理由になるが、経常営業利益に何の影響も及ぼさないものであれば、売却価格の変更は必要ないかもしれない。この意味では、デューディリでこれまで想定していなかった何かが発見された場合、それをこれまでの交渉結果にどう反映させるかは、よく考えて対応する必要がある。

疲れきったところで最終合意

複数の候補を絞って1社にし、お互いに妥協を重ねて取引の調印に近づいても、なかなか双方とも最後まで譲れないことは多い。その場合に、取引の調印日を設定し、「その日は調印するまで双方とも帰らない」と決める方法がある。

当日になっても元気なうちは双方ともなかなか合意できないものだが、深夜になり疲れてくると、双方ともだんだん「もういいや」と思うようになるものだ。調印するまで帰れず、自分がこだわっているために調印できないということになると、双方とも本心では譲る理由を探し始め、双方疲れきったところで相手の主張を認め合って調印することになる。その意味では、調印予定日まで残した問題は深夜に合意してしまいがちなので、本当に譲りたくない問題は、調印予定日の前までにクリアーしておくことをお勧めしたい。

買い手の売り手に対する信頼は二度と戻らない

売り手としては、契約前に開示していた情報については、問題の取り扱いについて双方で合意することになるが、取引の契約調印にいたるまで開示しなかった情報については、それまで表明した事実が真実であることと、それまで開示したこと以外に大きな問題がないことを保証することになることが多い。

そうなれば、嘘をついたり、隠し続けたりしていた問題は、売却後も問題が発覚した時点で契約中の表明・保証条項（Representation and Warrantees）により責任を取らなければならなくなる。騙したり隠したりしても、重大な問題は後で発覚しないわけがない。その場合に、どのみち後で責任を取らされることになるのであれば、はじめから本当のことを開示しておいた方がいいということになる。

前にも述べたが、重要なことなのでもう一度強調しておきたい。デューディリジェンスを始める前に重要事項は相談し、デューディリジェンスで買い手に発見されるのは細かい問題だけにすべきである。デューディリジェンスを行うにあたっては、問題を隠しても時間の問題で発覚して後で責任を問われるので、できるだけすべての情報を開示すべきである。故意に隠すつもりがなくとも、恥ずかしくてつい言えず、言うタイミングを逃すということがないわけではない。しかし、デューディリの前に言いそびれ、デューディリで相手に発見されなくても、重要な問題があることに気が付いているのであれば、契約書を結ぶ前に売り手は勇気を出して買い手に開示して共に対策を検討すべきであると思う。故意に問題を隠してそれが発覚したときには、買い手の売り手に対する信頼は二度と戻らない。社会人として人の信頼を失えばおしまいである。

厚すぎる契約書を作らない

気をつけなければならないのは、弁護士、会計士、税理士は時間で雇われることが多く、投資銀行は着手金と成功報酬で雇われることが多いということである。時間で雇われれば、時間を長くしたいという気持ちが働くのは当然である。クロスボーダー取引で、弁護士がやたら分厚い契約書を作り出したら注意が必要である。弁護士にリスクヘッジをしなくていいのかといわれれば日本人はためらいがちで、特にクロスボーダーの取引でアメリカの有名な事務所が出てきたりすると、つい遠慮して任せてしまいがちである。彼らは、起こりうるリスクをヘッジするために必要だといい、それは確かにその通りなのであるが、起こりうるすべてのリスクを想像して、あらかじめ契約書に明記しておく必要はない。起こった後で対応すれば間に合いそうな問題を、すべて契約書に書く必要はない。

分厚すぎる契約書は、弁護士に払う料金を高額にするだけではない。契約書を読むのに時間がかかるので、何か事件が起こったときの対応速度を遅くしがちである。特に分厚い英語の契約書を作られたら、ほとんどの日本人の対応速度はきわめて遅くなる。あらかじめ想定した解決方法が、状況が変わって実際は役に立たないのにそれに縛られたり、契約締結時は想定していなかった解決方法が問題発生時には見えてきたりすることも多い。リスクをヘッ

やったほうがいいM&AとやめたほうがいいM&A

① シナジーがなければ買収はすべきでない
② シナジーがあっても対価を払いすぎればやらないほうがましになる

株主にとって

PV (AB) ＞ PV (A) ＋ PV (B)

B買収のシナジー ＝ PV (AB) − (PV (A) ＋ PV (B))
B買収のコスト ＝ Bの所有者への対価 − PV (B)
B買収のNPV ＝ B買収のシナジー − B買収のコスト ＞ 0

ジしてくれるだけでなく、雇用されている時間を長くしたい弁護士のモティベーションを理解し、最小限の問題だけカバーする長さの契約書にとどめるべきである。

株主にとって価値を生むM&A

M&Aを行う場合、買収取引が成立すれば成功で、中途でやめれば失敗だと思っている人が多い。第三者の企業を買収しようと思う会社は特に、買収手続きに入ると、いったん始めた買収は最後までやり遂げることが成功だと思いがちである。M&Aの財務アドバイザーに支払われる手数料にも、取引の成立が成功だという考え方が反映されている。アドバイザーはまず着手金をもらって仕事を始めるが、取引が成立しないで中途でやめれば着手金のみで終わるために損をすることが多い。しかし、M&A取引が成立すれば、成功報酬が支払われて儲かるのである。

しかし、買収会社の株主の立場から言えば、買収取引が成立しても株価が下がれば失敗であり、株価が下がるような取引だとわかれば、取引を成立させるより途中でやめたほうが得である。日本企業は、1980年代後半のバブル発生期に高値で海外の事業や不動産を買い、バブル崩壊と共に安値で海外の事業や資産を売却して大きな損害を被った。これは、多くの日本企業が、株主にとって価値を生む取引と生まない取引の区別が付かないからである。それでは、株主にとってどのような取引が価値を生み、どのような取引が価値を失う取引なのだろうか？

この問題を考えるためには、買収を行うことによって得をする要因（シナジー）と損をする要因（コスト）を考え、シナジーがコストを上回るようにすることが必要になる。

M&Aのシナジー

得をする要因をシナジーと呼ぼう。シナジーは、事業の統合によって生み出されるそれまでになかった価値である。例えば、水平統合によって共通機能を1つにすることは、固定費の削減につながる。本社の経営者や間接機能、共同購入、工場を1つにして稼働率を上げるとか、販売網の統合、これまで片方の販売網でしか売られていなかった製品を統合販売網で売るというような、これまでになかった増加する価値の現在価値がシナジーである。垂直統合によって、これまでできなかったサプライチェーン・マネジメント（SCM）を行い、売上が増え、売れない在庫を削減して売上原価を小さくできるようになるとすれば、それもシナジーである。

シナジーは、それまでに存在した価値を含まない。双方を統合して、統合した主体の株主価値がこれまでの両社の株主価値の合計に過ぎず、新しい価値が生み出されないなら、社会的に見て経済的付加価値は生み出されず、統合する意味はない。事業の統合にはコストがかかるので、シナジーがまったくない統合は正味現在価値をマイナスにするプロジェクトで、やらないほうがいいといえる。

M&Aのコスト

一方で、買収をすることによって損をする要因を買収のコストと呼ぶ。買収のコストは、買収の対価とは違う。買収の対価は売り手に支払われる対価だが、そのほとんどは、統合以前にも存在した価値に対して支払われるもので、買い手が払って損をするものではない。買い手は、統合前に存在した価値は通常手に入れるから、その分を対価として払っても同じ価値を手に入れるので、コストはかからない。例えば、A社が買収前に、100億円の株価総額を市場でつけているB社の株式100%を、30%のプレミアムをつけて130億円で買収するとする。この場合、130億円が対価で30億円がコストである。130億円すべてがコストではない。A社は、シナジーがなくてもB社の株式100%を手に入れるので、100億円は失わないが、30億円はB社株主にいってしまうので、A社としては失われるコストである。

売り手は、これまで取引されていた値段と変わらないのであれば、株式を売却する理由がない。したがって、買い手は通常、これまでついていた株価よりも大きい値段を提示して買収することが多い。この場合の、これまでついていた値段を越えるプレミアム部分が買収のコストである。

M&Aの正味現在価値をプラスにする

シナジーがないのにコストを払えば、買収会社の株主はコストの分だけ損をする。シナジーがあってもコストがシナジーを超えれば、買収会社の株主は、コストがシナジーを超える分だけ損をする。こう考えれば、コストとして払えるのはシナジーの範囲内だということがわかる。シナジーの分だけすべてコストとして払ってしまえば、売却会社の株主に新たに生ずる付加価値をすべて対象会社の株主にあげてしまうことになり、その買収を決行する意味は薄れる。買収会社の株主も買収の利益の一部を享受したいわけだから、シナジーの一部は対象会社の株主に払われても、それなりに意味のある一部が買収会社の株主のために残らなければ、買収会社の株主にとって、その買収に経済的意味はなくなる。正味現在価値をプラスにしないようなM&Aは、やっても株主のためにならないのである。

ウォールストリート・ジャーナルやファイナンシャル・タイムズで上場会社の買収合戦が行われているのを見ていると、突然、買い手候補の片方が、これ以上の価格を提示すると買っても意味がないからやめたといって撤退することがある。これは、あまりにも高いプレミアムの支払でコストがシナジーを上回るとみたときに、買収をあきらめるのである。この意味では、買収合戦は、シナジーが大きいほうが勝つことが自然である。シナジーが大きいほうが、プロジェクトの正味現在価値をプラスにすることを条件として払えるコストが大きいからである。

実際にはやっているうちに熱くなり、取引を成立させないと負けた気になることが多い。日本企業のＭ＆Ａを見ていると、どこから出てきたのかわからない高額の支払を行うことがある。日本企業は、クロスボーダー取引では高値で買って安値で売ることで海外では悪名が轟いている。企業価値の計算がわからない馬鹿だと思われているのだ。ちゃんとしたアドバイザーを雇ってあらかじめシナジーの金額を計算しておかないと、払えるコストや対価の限度がわからなくなるので注意しなければならない。

Ｍ＆Ａのアドバイザーは成功報酬が目的なので、顧客が損をする取引でも、取引を中断したくないものである。アドバイザーが中断したくなくても、買収会社としては、自分の株主に損をさせるような取引を行ってはならない。これを判断するためには、買い手はアドバイザーに、買収対象会社の企業価値計算だけでなく、買収した場合の統合シナジーについて計算させるべきである。アドバイザーは、買い手が明示的にリクエストしなければ、買収対象会社の企業価値を計算しても、統合した場合のシナジーを計算してくることは滅多にない。

取引の撤退基準を教えれば、取引が成立しない可能性が高まってアドバイザー会社が損をする可能性が高まるからである。しかし、買収会社としては、支払える価格の上限や撤退基準は、M&A取引を行うときに必ず知っておくべき重要な知識である。シナジー計算において、買収会社と買収会社アドバイザーの間には利害の対立がある。ただし、顧客に言われてシナジーを計算しないアドバイザーはいないので、買収会社はアドバイザーにシナジー計算をさせればいいのである。シナジーがわかっていれば、払えるコストがわかるので合理的な意思決定ができる。どこで撤退すればいいのかわかるのだ。高すぎる値段を払ってせっかく対象会社の買収に成功しても、自分の株価が下がったり自分の事業が破綻したりしては元も子もない。熱くなって我を忘れる前にシナジーとコストを計算し、プロジェクトの正味現在価値がプラスになることを確認すべきである。

第4章

M&A取引のストラクチャリング

第1節　ストラクチャリングの秘訣

法務・会計・税務の反映

M&A取引を行う場合、取引の目的は色々なストラクチャーの組み合わせによって達成しうる。ストラクチャーとしては、昔は営業譲渡、合併、株式売却、現物出資のようなものしかなかったが、純粋持株会社が解禁になり、株式交換・株式移転制度や会社分割制度が導入されたことによって、色々な選択肢が可能になってきた。

色々な選択肢があるとすれば、どのストラクチャーを選択するかが問題になるが、そのためにはまず、法務、会計、税務等の技術的な要請を満たす取引を構想しなければならない。法治国家日本で違法な取引を行うわけには行かないし、その取引を経理処理した結果、親会社や連結の財務諸表が経営者にとって我慢できないようなものになってはいけない。取引にかかる税金も取引コストの重要な一部分であり、過剰な税金を払うわけにも行かない。すなわち、まず、適法かつ、会計処理が利害関係者に納得でき、税務コストを最小限にする取引であることが要求される。

株主の利益に重大な影響を及ぼす取引であれば、取締役の決議だけで行うことはできず、株主の過半数以上が出席する株主総会において、総会出席株主の議決権の3分の2で意思決定する株主総会の特別決議を要する。垂直統合の場合には独占禁止法に違反してはならないし、上場会社の場合は金融商品取引法に違反しないようにしなければならない。売り手や買い手の行う単体、連結の会計処理が売り手や買い手の監査人に受け入れられないものであれば、その取引を行うことにより困った監査意見をつけられて立ち往生することになる。売り手としては、一定の金額以上の売却益を単体、連結で計上したいことがあるし、買い手としても一定の営業権を計上して損金を作りたかったり、統合後に一定水準以上の利益を確保することが取引の前提となっていたりすることがありうる。税務上も、売却取引が市場価格とかけはなれた安値で行われれば、買い手は使える繰越損失がない限り受贈益が課税対象になるし、売り手は寄付金として損金算入が制限されうる。

この意味では、M&A取引を行うに当たって、弁護士、公認会計士、税理士等に相談し、関係法令、会計基準、税務規則等で問題がありそうな場合は、対策を考えなければならない。会計上も経理部門に相談して取引関係者の仕訳を想定し、売り手や買い手にとって、その仕訳の効果が許せる範囲に収められそうな取引ストラクチャーを構想しなければならないわけである。

取引成立のための利害関係者の意志反映

上記のような法律、会計、税務等の技術的な要請を満たすことは、当然M&A取引の成立に必要になるが、さらに重要なのは、主要な利害関係者の意思を取引ストラクチャーに反映させるということである。M&A取引の場合、売り手、買い手、売られる会社において経営者や従業員がそれぞれいるし、売り手と買い手のメーンバンクがあれこれ言うことも多い。M&Aは主要取引に至る前提として、資金が一瞬だけ必要になる準備取引が行われることが多い。これまでの関係はもちろん、売り手と買い手のメーンバンクがM&Aの準備取引を支援しないと取引が成立しないことも多いので、メーンバンクのご機嫌を損ねるわけには行かないのである。

さて、売り手や買い手、売られる会社など、主要な利害関係者のご機嫌を損ねると、その取引は成立しなくなる。すべての利害関係者のすべての要求を満たすような取引は存在しえないが、すべての関係者の気持ちを考慮したうえで、「それが現実化するくらいだったら止めたほうがまし。」と誰かが思うような問題点をすべてつぶしてやらないと、その取引はその取引をつぶしたい人の妨害によって潰れてしまうことになる。

この意味では、優秀なM&Aアドバイザーになるためには、利害関係者の気持ちを読む能力に長けていなければならない。売り手のアドバイザーだからといって買い手を無視しては取引が成立しないし、買い手を尊重しすぎては、顧客である売り手が「君は誰に雇われているのか」と言って怒ることになる。売り手と買い手だけでその気になっても、売られる会社の人々が怒って非協力の立場を貫き、自社の情報を開示してくれなければ、取引を実現することは不可能である。売り手のアドバイザーであれば、お金を払ってくれる顧客であるから売り手に少し有利になるような取引を作ってあげなければならないが、買い手や売られ手が話に乗ってくるような取引を構想しなければ取引は実現しない。

優秀なM＆Aアドバイザーは、主要利害関係者の気持ちを考え、バランスをとりながら色々な気持ちを尊重し、できるだけ取引に反映する必要がある。あるものは相手方の主張であっても認め、あるものは顧客の主張であってもあきらめてもらう必要がある。ただし、結論として自分の顧客が他の利害関係者より多少有利な取引にするバランスをとる必要がある。雇い主がお金を払ってくれているのだから、これは当たり前である。

打ち落とさなければならない要求は、誰がそれを持ち出してくるかあらかじめ予想し、モグラたたきのように顔を出した瞬間にたたいてつぶさなければならない。当初の想定とは違った騒ぎが起こってくれば、ある程度は想定したバランスの変更をして現状に合わせないと船が沈むこともある。自分のことしか考えていない利害関係者も多いので、全体像を見て、バランスをとることが重要である。黒白の決着をつけなければならない弁護士、会計士、税理士と違って、投資銀行や金融機関が全体のコーディネーターを務めることが多いのは、コーディネーターは黒白をつけられず、取引成立のためにバランスをとらなければならないからである。M＆Aアドバイザーとしては、取引を壊さないように成立に向けて急いで進む必要があり、この辺の舵取りと進行速度の見極めが一番難しいところではないかと思う。

M&Aアドバイザーには強引な人が多いと思われがちだが、すべての個別の人には強引でも、全体のバランスには結構気を使って進めなければならないのである。

第2節　営業譲渡を選ぶ理由

不良資産や偶発債務の回避

営業譲渡は、一定の営業目的のために組織化され、有機的一体として機能する財産の全部または重要な一部を譲渡し、これによって譲渡会社がその財産によって営んでいた営業活動の全部または重要な一部を、譲り受け人に受け継がせるものである。

取引ストラクチャーとしての営業譲渡は、買い手が、ターゲット事業の不良資産や偶発債務を回避したい場合に選択され、使われる。ストラクチャーとして合併や吸収分割を使うと、事業の譲受人は法人全体を引き受けることになるので、法人に不良資産や偶発債務があれば、これを逃れることができない。一方、営業譲渡を使うと、法人の一部だけ営業の重要な一部として譲り受けることが可能なので、買い手としては不要な不良資産を取引対象から外したり、引き受けたくない偶発債務を取引対象から外したりすることができるのである。

営業譲渡のメリットと問題点

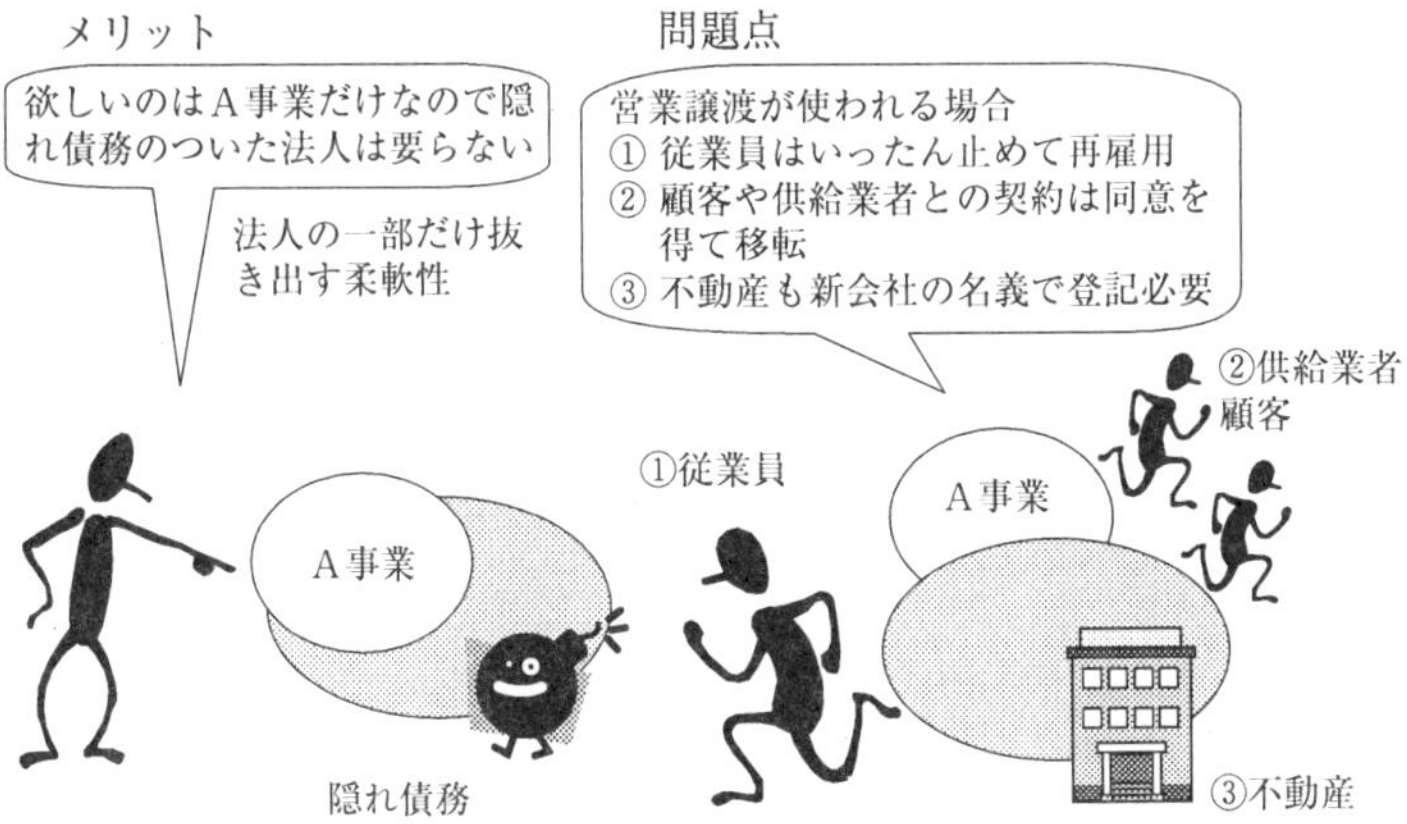
メリット
欲しいのはA事業だけなので隠れ債務のついた法人は要らない
法人の一部だけ抜き出す柔軟性
問題点
営業譲渡が使われる場合
① 従業員はいったん止めて再雇用
② 顧客や供給業者との契約は同意を得て移転
③ 不動産も新会社の名義で登記必要
A事業
隠れ債務
①従業員
A事業
②供給業者
顧客
③不動産

従業員・顧客契約・不動産登記移転・免許再取得

営業譲渡には、譲り受け人が欲しいものだけ特定して不良資産や偶発債務を引き受けないことが可能な一方で、譲受人にとって面倒くさい話もある。法人そのものを引き受けないため、営業の重要な一部としてぜひ譲り受けたい従業員、顧客、登記、免許等を合併や吸収分割のように自動的に移すことができないのである。

従業員は、会社分割の場合適用される労働契約承継法のようにまとめて事業と共に移せれば都合がいいが、営業譲渡を使うと、いったんもとの会社を退職してもらって、譲り受け会社に新規雇用することになる。アーサーアンダーセンが破綻して、親会社である朝日監査法人が、子会社である朝日アーサーアンダーセン株式会社をＫＰＭＧコンサルティング株式会社に営業譲渡したとき、私は朝日アーサーアンダーセン株式会社にいた。朝日アーサーアンダーセン株式会社には当時７００人ほどの従業員がいたが、皆いったん退職して、従業員が３００名ほどだったＫＰＭＧコンサルティング株式会社に再雇用されることになった。営業を譲り受ける会社としては、これまでの労働契約を自動的に引き継ぐ必要はなく、条件を変更することができていいこともないわけではないが、新規の雇用契約に応じてくれなければ、人がいなくなってしまうわけである。私が朝日アーサーアンダーセン株式会社でやっていた財務戦略部門には20数名のメンバーがいたが、ありがたいことに皆ＫＰＭＧコンサルティング株式会社に再雇用されてくれた。新会社に移ってくれなければ顧客に迷惑をかけることになりかねなかったので、私としては全員移ってくれて大変に安心した記憶がある。顧客との契約も、法人を引き継がないので自動的には引き継げないので、顧客にお願いして朝日アーサーアンダーセン株式会社からＫＰＭＧコンサルティング株式会社に契約を移していただいた。営業譲渡の場合は、営業の重要な一部として売掛金を譲渡しても、債権譲渡の対抗要件を踏まなければ顧客に対抗できない。顧客が協力してくれずに旧法人に支払われたら、旧法人から取り立てなければならないという面倒なことになるのである。不動産の登記も譲り渡し法人から譲り受け法人に移転しなければならないし、官公庁から受けている免許も再取得しなければならないことがありうる。

このように、個別の資産や契約を譲り渡し法人から譲り受け法人に移転しなければならないのは面倒くさいといって、営業譲渡を嫌がる弁護士は多い。ただ、営業譲渡の対象が連結事業部の親会社事業部と傘下の関係会社である連結事業部の場合、移転しなければならないのは、親会社事業部における資産、負債や人間だけで、親会社の投融資が移転されれば関係会社は法人のまま受け継がれてくるから、連結事業部の中の本社事業部分があまり大きくない場合には、必要な手続きがそれほどでもない場合も多い。法人内で欲しいものが選択できるというメリットにより、他の取引形態より営業譲渡が望ましい場合もあるので、この取引形式がまったく使えないわけではないことに注意されたい。

第3節　合併における戦い

どちらが存続会社となるか

合併とは、2つの株式会社が合体して1つの株式会社になるものであるが、せっかく存在する2つの法人を有効利用しないのはもったいないので、ほとんどは新設合併でなく、吸収合併である。すなわち片方の会社が存続会社として相手を吸収し、消滅会社の株主に存続会社の株を交付することになる。存続会社は残るが、消滅会社はなくなってしまうことになる。誰しも自分の会社がなくなってしまうのは嫌なので、色々理由をつけて消滅会社より存続会社になりたがる。このため、合併を前提とする水平統合で、双方が存続会社を主張するときに両当事者を合意させることは至難の業である。

株式移転により持株会社の下で兄弟会社になる形の統合は勝ち負けがはっきりしないので起こりやすいが、吸収合併で消滅会社になることを認めさせることは、事業を売却する場合ならともかく、共同事業として行おうと思っている当事者には受け入れがたいことが多い。これを認めると、相手の制度やシステムがすべて残り、自分の制度やシステムをすべて放棄して相手のやり方に合わせなければならなくなるからである。本当にそうかどうかは別にして、吸収合併においては存続会社が勝ちで、消滅会社が負けだと思っている人が多い。

合併比率

合併比率とは、消滅会社の株主に対して割り当てられる存続会社株式の割合のことである。すなわち、消滅会社株主が、消滅会社の1株を提供することによって、存続会社の株式何株をもらえるかということだ。合併比率は、消滅会社の1株あたりの時価／存続会社の1株あたりの時価として計算される。時価の算定方法は、原則として簿価でみて株式や不動産の時価を調整する修正時価純資産法と、事業価値・企業価値の時価を計算する類似企業比較法、類似取引比較法、DCF法等がある。

まず気をつけなければならないのは、合併比率という言葉は、株式総額の比率のことをいうのではなく、1株あたりの価値のことを言っているということである。例えば存続会社Aの株式総額が100億円あったとして、株数が1億株あれば1株あたりの価値は100円

合併比率

◇合併比率とは… 消滅会社の株主に対して割り当てられる存続会社株式の割合、つまり消滅会社の1株あたり価値と存続会社の1株あたり価値の比率をいう

◇企業評価額の算定方法
- ✓企業の純資産に注目…………… 簿価純資産比較法
- ✓企業の収益価値等時価に注目… 収益還元法、DCF法、市場価格比較法、類似企業比較／取引法 等

- - -

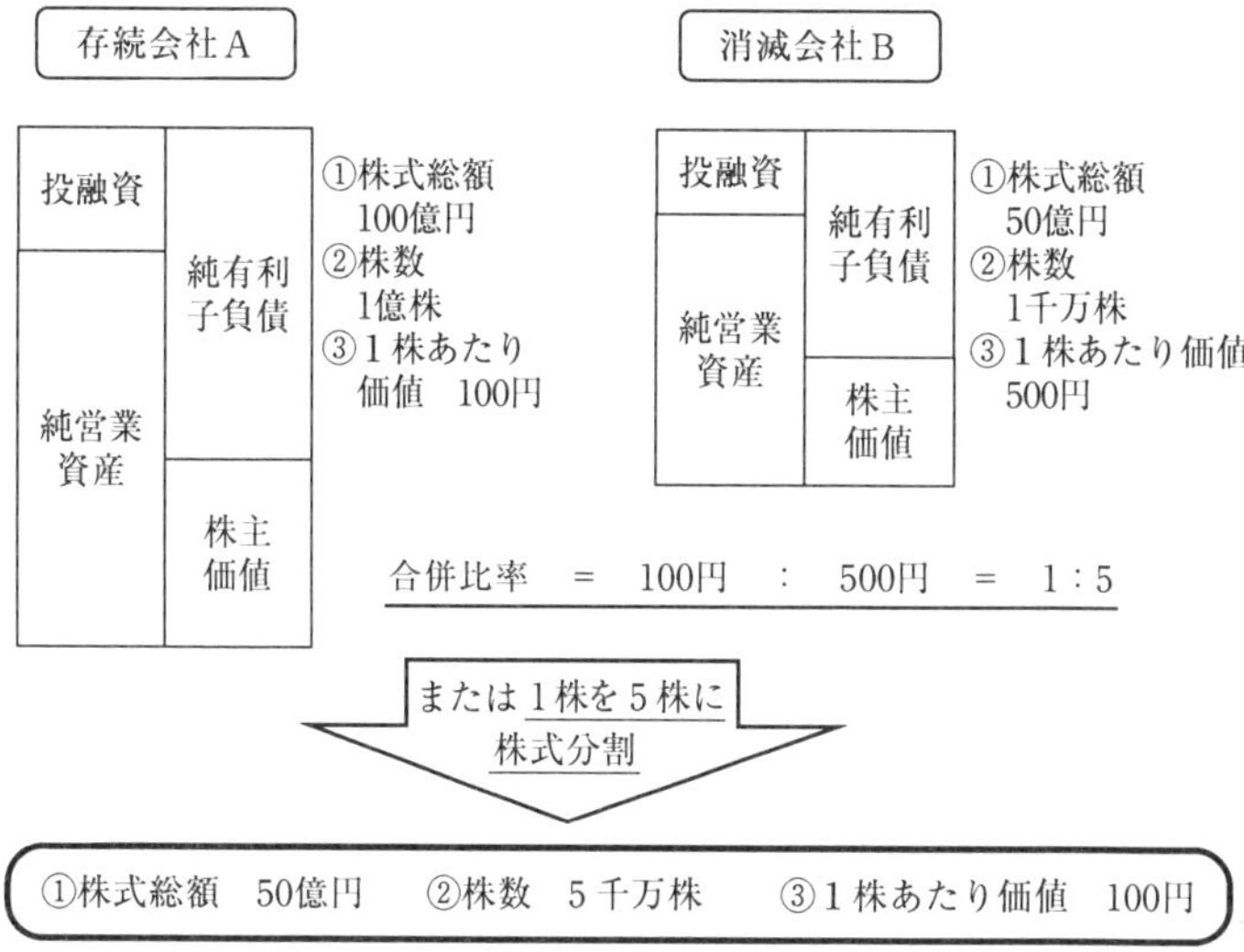

合併比率 = 100円 : 100円 = 1 : 1（注）

（注）合併比率を1：1にすることで、
- ✓対等合併のイメージを示すことができる
- ✓事務処理手続きの簡易化を図ることができる

そのためには、消滅会社B社の1株を5株に分割して合併に先駆け株数を調整する

だ。消滅会社Bの株式総額が50億円あったとして1千万株であったとすればB株1株あたりの価値は500円になる。よって消滅会社B株1株に対して、存続会社A株5株という1対5の割合になる。株式総額の比率で見れば、消滅会社の株式総額と存続会社の株式総額の割合は50億円と100億円なので1：2だが、存続会社の株式数が10倍多いので、消滅会社としては1株渡せば5株もらえることになる。この意味では、合併比率は、株数を変更すれば変わってくることになる。自己資本総額は簡単に変えられないが、株式数を変えれば1株あたりの価値は簡単に変えられるからである。

イメージ的に合併比率が対等でないのは、消滅会社にとっては悪い印象を持ちやすいということで、対等合併とするために、株数を調整することも多い。例えば先ほどのケースを使えば、消滅会社Bの1株を5株に分割することによって、消滅会社の1株あたりの価値は100円となり1対1の対等合併となる。1対1の対等合併にすれば、対等統合のイメージをかもし出せるし、事務処理手続きが簡易になることになる。

株主・顧客・従業員の不満

経営者は、合併を行うことによって生ずる株主、顧客、従業員の不満に対応しなければならない。株主としては、その合併により株価は上がるのかということが問題である。合併によるシナジーがコストを上回れば株価は上がるはずだが、シナジーがなかったり、プレミアムを払いすぎたりすればコストがシナジーを上回って、吸収合併を実現しても株価が下がってしまうことになる。株主を満足させるためには、合併取引後に株価が上がるような価格設定で合併を行う必要がある。吸収合併をする存続会社としては、シナジーがコストを上回り、そのM&Aプロジェクトの正味現在価値がプラスになるようにしなければならない。

合併した場合に、消滅会社の顧客が、存続会社の顧客としてとどまってくれるとは限らない。消滅会社が好きだったから取引していたので、あなたのことは好きではないとか、あなたと取引すると取引が1社に集中しすぎるので、他社と取引したいということになれば、消滅会社の顧客の一部は消えてしまうことになる。合併が、当然にすべての消滅会社顧客の引継ぎを意味するわけではないのである。いくら頼んでも逃げていく顧客は仕方ないとして、重要な顧客に対しては、消滅会社と存続会社で手分けして事前に顧客の引き止め工作をする必要があることもある。

消滅会社の従業員を満足させることも至難の業である。存続会社の社員は今までどおりの制度やシステムで問題ないとしても、消滅会社の社員としては、周りから負け組のイメージを持たれるだけでも嫌なのに、突然制度やシステムが変更し、これに対応しなければならないことは非常に大きな苦痛である。場合によっては、消滅会社と存続会社の制度やシステムが移行期間中並存し、双方に対応しなければならなくなることもある。同じような目的で、存続会社と消滅会社の2つの制度に対応するためダブルで事務作業を行わなければならないという状況が長期化すれば、消滅会社の従業員としてはうんざりするのがあたりまえである。消滅会社の従業員が嫌になって大量に辞めていかないように、存続会社の経営者としては、迅速な統合が必要である。存続会社は、どうでもいい社員はいいとして、消滅会社の優秀な従業員を確保するために、移行過程にかかる負荷を最小限に抑える施策を企画実行する必要がある。

合併の会計

さて、合併した場合に、存続会社としてどのような仕訳をたてるか。例えば消滅会社Ｂの企業価値を１４０億円、純有利子負債を１００億円、自己資本を40億円とする。資本の内訳は資本金10億円、資本準備金10億円、利益準備金10億円、利益剰余金10億円とする。

このときの会計上の認識は、事業に対する支配の移転があるかどうかと対価の性質によって決まってくる。日本では事業に関して支配の移転がなく、かつ、対価がすべて株式の場合は、プーリング法を使って帳簿価格で合併することが認められてきた。これに対して、事業に関して支配の移転があったり、または対価として株式以外のものが支払われたりする場合には、パーチェス法によって時価取引による合併を認識しなければならないことになる。ちなみに、合弁会社を作るための合併の場合、結果も持株比率が45％－55％に収まる場合は、支配の移転がなかったものとして現状ではプーリング法を使うことができる。

合併の会計

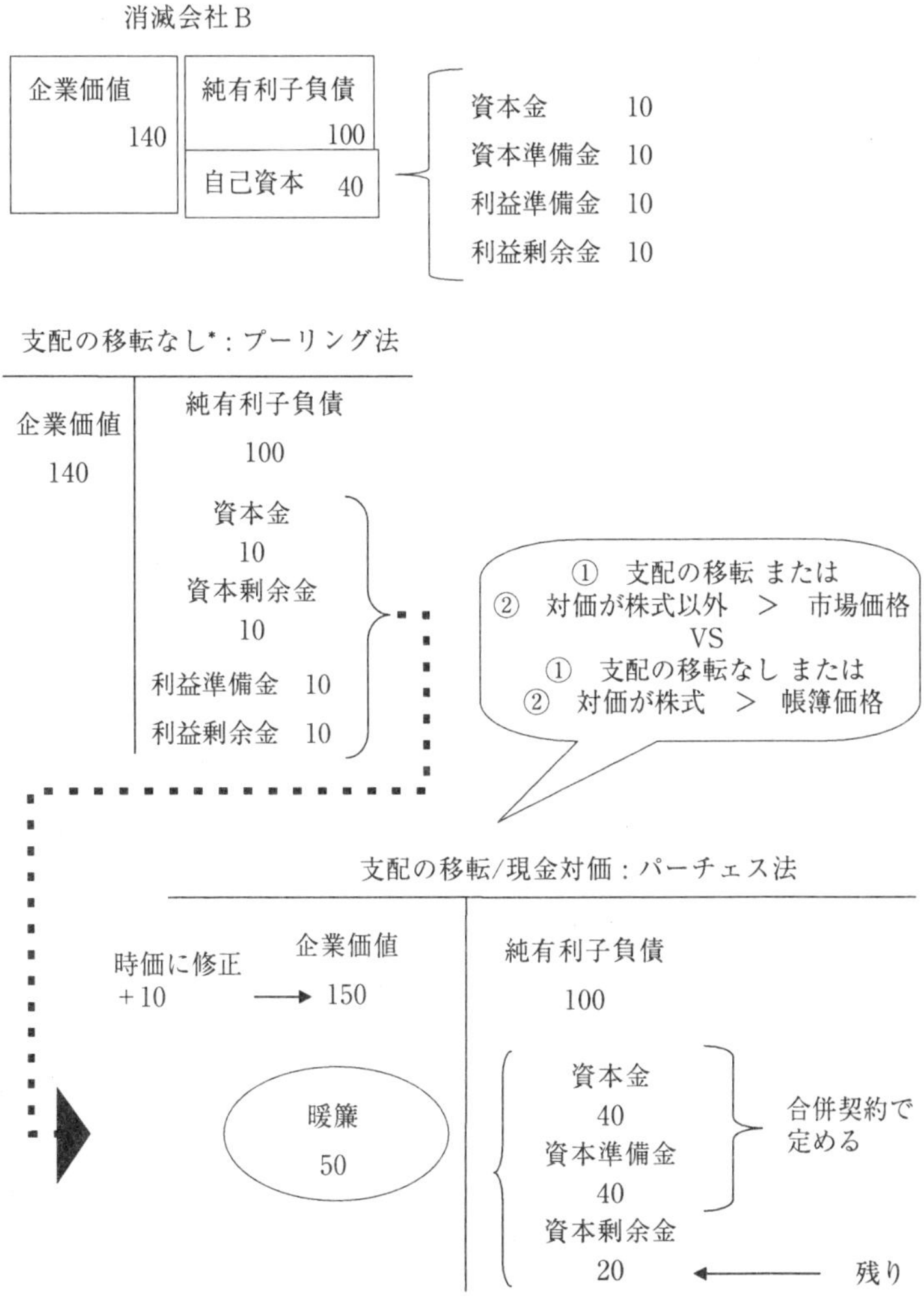
消滅会社B
企業価値
140
純有利子負債
100
自己資本 40
資本金 10
資本準備金 10
利益準備金 10
利益剰余金 10
支配の移転なし*：プーリング法
企業価値
140
純有利子負債
100
資本金
10
資本剰余金
10
利益準備金 10
利益剰余金 10
① 支配の移転 または
② 対価が株式以外 ＞ 市場価格
VS
① 支配の移転なし または
② 対価が株式 ＞ 帳簿価格
支配の移転/現金対価：パーチェス法
時価に修正
+10
企業価値
150
暖簾
50
純有利子負債
100
資本金
40
資本準備金
40
資本剰余金
20
合併契約で定める
残り

合併され消滅する会社の企業価値や純有利子負債は、存続会社の企業価値や純有利子負債として引き継がれる。したがって存続会社では、借方に140億円の企業価値、貸方に100億円の純有利子負債を認識することになるが、プーリング法を使う場合は、消滅会社の株主に、合併比率に応じた株式を発行するだけである。プーリング法の場合は、双方の資本を持ち寄ってあわせるだけという考え方なので、消滅会社にあった資本金10億円、資本準備金10億円、利益準備金10億円、利益剰余金10億円等もそのまま引き継ぐことになる。

これに対して、パーチェス法を使う場合は、会計上時価で認識しなければならないので、存続会社としては、企業価値を受け入れた後で、株や不動産の時価がこれまでの帳簿価格より低い場合には時価に修正（Write-up）した上で、新企業価値簿価と対価の差額を暖簾として資産計上することになる。たとえば、これまで140億円の帳簿価格企業価値の中に時価が10億円高い不動産が含まれていたとすれば、企業価値の帳簿価格は140億円から150億円に修正され、対価として200億円が払われれば、200億円と150億円の差額の50億円が暖簾として資産計上され償却対象となることになる。資本構成サイドは、純有利子負債100億円の認識はプーリング法の場合と同じだが、自己資本の内容が違う。プーリング法のように互いに事業や自己資本を持ち寄るのではなく、存続会社が消滅会社を時価で購入するという考え方なので、消滅会社の自己資本を引き継ぐことはなく、新株発行における資本金、資本準備金に加えて、資本剰余金を認識することになる。合併契約書の定めにより資本金、資本準備金、その他資本剰余金に配分することになるわけである。

ただし、国際会計基準や米国基準では、どちらが取得者かわからないような企業結合はありえないとしてプーリング法を認めず、パーチェス法に一本化されている。日本は現在、国際会計基準に合わせていくことを決定ずみであり、2010年4月以降には、プーリング法を廃止してパーチェス法に一本化する予定である。

第4節　株式交換や株式移転が使われる理由

グループ再編制度導入の背景

日本では土地株バブルが発生して崩壊した。1986年には1200兆円だった土地総額が4年後の1990年には2400兆円になり、15年後の2005年には1200兆円に戻った。株式は、1986年に300兆円だったものが、3年後の1989年末には日経平均が4万円に近づいたおかげで900兆円になり、1990年、1992年の株式市場の崩壊で多くが失われた。1986年から1990年にかけての土地総額の値上がりは1年当たり300兆円で、1986年から1989年への株式市場の値上がりは1年当たり200兆円だった。合計した500兆円は日本のGDPとほぼ同じくらいの金額である。バブル発生期には、毎年日本のGDPと同じくらいの資産価値が資産と正味資産に付け加わったおかげで、土地や株を持っていた日本人は大金持ちになったつもりで浮かれ騒いでいた。海外のエコノミストは日本の土地バブルをおかしいといって問題視したが、日本では「その値段で買う人がいるのだからいいではないか。」といって、あまり相手にしなかった。その後、海外のエコノミストが指摘したように、バブルは弾けた。土地総額は半分になり、株価も下がったために民間企業の自己資本は減少したが、いったん土地や株に対する投資のために借りた有利子負債は減少せず、資本構成における有利子負債は増加を続けた。

このような民間企業財務の資本構成における過剰有利子負債と自己資本不足の状況の下で、会計ビッグバンが導入された。単体、取得原価主義で運営していた日本企業に、連結決算、時価主義会計のグローバル・スタンダードが突きつけられたのである。1999年には連結会計が導入され、2000年から2001年にかけて流動有価証券、投資有価証券、為替換算調整勘定に対する時価会計が導入された。バブルの崩壊で財務が悪化していたところに、グループ全体を連結して時価で見せろという新会計基準が突きつけられたのであった。単体主義であればグループ会社に損を隠すこともできるし、取得原価主義であれば含み損を放置しても投資家は気が付かないかもしれないが、グループ全体を時価で見せろということになれば、グループ上のどこにおいても損失は見えてしまうことになる。連結主義や導入時価主義の流れは継続し、2002年には連結納税制度、2005年には減損会計が導入された。

この結果、多くの日本企業がグループの再編を迫られた。政府としてもグループ再編の促進を支援するためには、それまで存在した営業譲渡、合併、株式売買等の手段のみでは不足していたため、色々な制度が導入された。1997年には、財閥支配を避けるために戦後禁止されていた純粋持株会社が解禁になった。1999年には、株式交換（商法352条）と株式移転（商法364条）が商法に導入された。2000年には、会社分割制度が導入（商法373条）され、同時に労働契約承継法も導入された。2006年の5月には新会社法が導入され、株式交換制度や会社分割制度は商法から会社法に移された。2007年5月には外資からの黒船来襲を恐れて1年先送りされた三角合併とキャッシュアウト・マージャーが導入され、シティグループの日興コーディアル買収が、2008年の1月に実施されて三角合併の第1号となった。

株式交換とは

株式交換や会社分割など新しい制度の導入の結果、企業を買収する場合の選択肢は、営業譲受、吸収合併、株式の買い取り、株式交換、会社の吸収分割等色々あることになった。この中で、営業譲渡や株式の買い取りには現金が必要なことが多いが、吸収合併や株式交換は株で対価を支払うことができるので、必ずしも買収のための現金資金調達の必要がない。吸収合併の場合には存続会社が消滅会社を吸収して法人が1つになるが、株式交換の場合は、

新企業再編手法

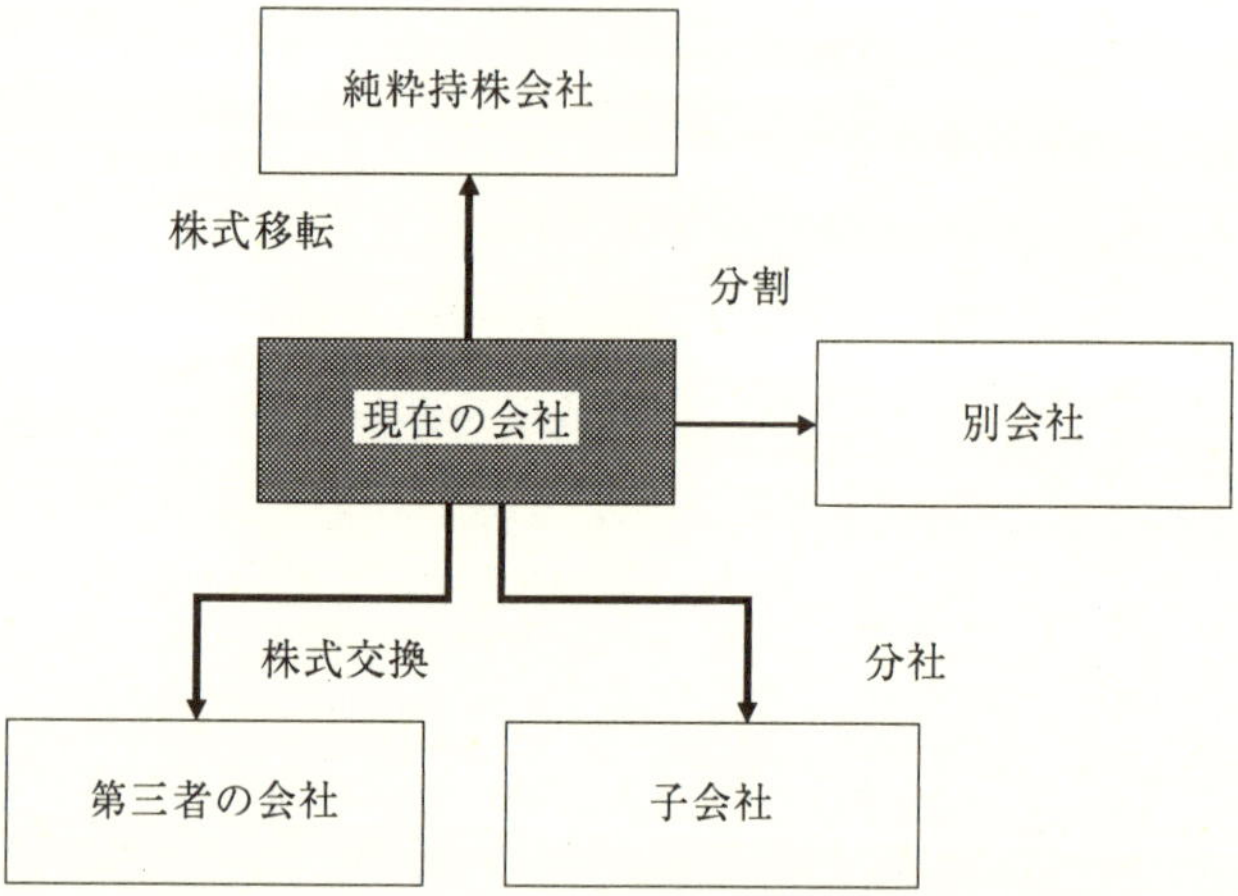

交換比率に従ってターゲットの株主に自分の株を支払い、ターゲットを100％子会社（完全子会社）にすることができる。すなわち合併のように1つの法人でなく、株式交換によれば親会社と子会社の2つの法人ができることになる。

株式交換は、100％保有している完全親会社と100％保有されている完全子会社の親子関係を作るための制度なので、買収会社がターゲット会社の51％だけしか欲しくなくても、株式交換を使えば100％取得しなければならないことになっている。また、少数株主が反対しても、株式交換による買収をターゲット会社の特別決議で賛成してしまえば、反対する少数株主から無理やり株式を買取ることもできる。特別決議は出席株主の3分の2で成立するので、発行済み株式の3分の2を取得すれば、株主

株式交換・移転制度

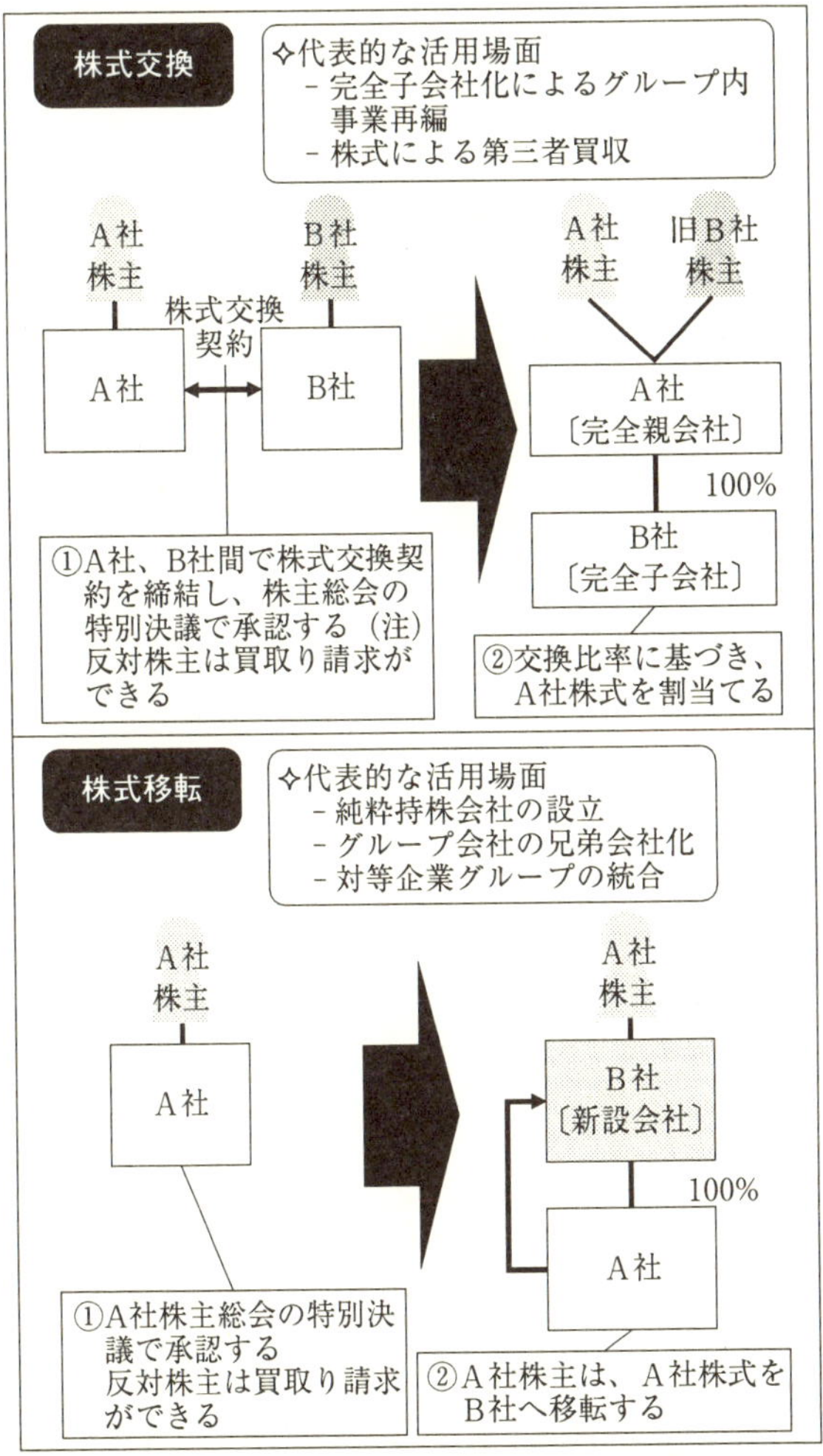
株式交換
✧代表的な活用場面
－完全子会社化によるグループ内事業再編
－株式による第三者買収
A社株主
B社株主
株式交換契約
A社
B社
①A社、B社間で株式交換契約を締結し、株主総会の特別決議で承認する（注）
反対株主は買取り請求ができる
A社株主
旧B社株主
A社〔完全親会社〕
100%
B社〔完全子会社〕
②交換比率に基づき、A社株式を割当てる
株式移転
✧代表的な活用場面
－純粋持株会社の設立
－グループ会社の兄弟会社化
－対等企業グループの統合
A社株主
A社
①A社株主総会の特別決議で承認する
反対株主は買取り請求ができる
A社株主
B社〔新設会社〕
100%
A社
②A社株主は、A社株式をB社へ移転する

（注）対価がA社純資産の2割を超えない場合またA社がB社の9割以上を保有する場合、それぞれA社、B社の特別決議不要。

総会の出席率に関わらず100％子会社化することが可能になったのである。株式交換は、グループの親会社が上場子会社の少数株主から無理やり株を買い取って子会社の上場を廃止する場合に使われる。また、上場企業に公開買付け（TOB：Take Over Bid）をかけて2／3の議決権を確保すれば、株式交換を使って残りの株主から株を買いとることも可能になる。

株式交換による買収は、原則として買収会社とターゲット会社の双方の株主総会の特別決議による承認が必要である。ただし、例外として、支払い対価が買収会社の20％以下の場合、買収会社にとってたいした規模の取引ではないので、簡易組織再編として買収会社における特別決議を省略し、取締役会で決定することができる。また、ターゲット会社が、もともと親会社が90％以上の株式を持っている子会社である場合は、わざわざ株主総会を招集することと自体が時間の無駄なので子会社の特別決議を省略し、略式組織再編として子会社の取締役会の決議で株式交換の承認をしてよいことになっている。

株式移転とは

株式移転は、持株会社を設立するための制度である。株式移転は、持株会社を作りたい会社の株主が、自分の株を持株会社に移転し、代わりに持株会社の株式を受け取るものである。これまでは純粋持株会社の設立が禁じられていたため、グループ企業の親会社は、関係会社の株を持つだけでなく、事業も保有する事業持株会社であることが多かった。しかし、純粋持株会社が解禁されたため、グループ本社として純粋持株会社の設立が可能になった。純粋持株会社では、グループのビジョンや戦略の企画、業績評価基準の設定や進捗管理のようなグループ管理業務のみを少数のスタッフで行うことが可能になったわけである。

株式移転によって純粋持株会社を作りたい場合にも、原則として株主総会で特別決議をとる必要がある。また株式移転も100%の親子関係を作るための制度なので、完全親会社としての持株会社の設立のみ認められている。

株式交換の対価

株式交換で会社を買収する場合、これまでは対価として自社株を提供することが普通だったが、2007年5月以降は、現金をはじめとする自社株以外の対価の支払いが可能になった。自社株や現金だけでなくて、自社の債券や、買収対象会社の新株予約権付き社債も支払えることになっている。自社の債券は自社株同様自社に対する権利であるからまだわかるとして、なぜ買収対象会社の新株予約権付き社債が支払えるかということが問題になる。なぜかといえば、せっかく株式交換で100%子会社にしたのに、新株予約権を行使されて完全子会社でなくなると困るからである。しかし、買収対象会社の新株予約権付き社債は親会社にとって自分の資産や負債でないので、いったん自社の新株予約権付き社債に変更してから、対価の支払に使用しなければならない。ところがこれはターゲット会社から親会社への負債の移転なので、有利子負債の削減と共にする見合いの仕訳が問題になる。ここで税務署が欲張り、ターゲット会社における見合いの仕訳を新株予約権付き社債戻し入れ益とすることにした。新株予約権付き社債を親会社に移転すると、親会社では自分の有利子負債が増える一方で、有利子負債が減少した子会社に対する投資の価値が増えることになる。新株予約権付き社債戻し入れ益を課税所得にして、税金を取ろうとしているように見えるが、誰が税金を払ってまで付加価値のない有利子負債の移転をするかは不明である。そうしてまで子会社の新株引受権付き有利子負債を対価として支払わなければならない必要は誰にも生じないのではないかと思う。完全子会社を維持したい法律上の要請から新株予約権付き社債の移転を可能にしたものの、新株予約権付き社債戻し入れ益を非課税にする税務上の手当てがされていないので、これは現状では使えない制度になっているように見える。

さて、株式交換で第三者企業を買収する場合に、自社株を第三者企業の株主に対価として支払えば、第三者企業の株主が自社株主になってしまうことになる。第三者企業の株主は知らない人なので、これまでの株主や買収会社とうまくやっていけるかどうかわからない。仲良くできればいいが、仲良くできなかったらどうしようという懸念はこれまでも買収会社側にあった。このようなリスクを回避するために、買収対価を自社株でなく現金とすることが可能になった。すなわち、非買収会社の株主の影響を排除するために、２００７年の5月から可能になったキャッシュアウト株式交換を使って、自社株でなく現金を株式交換の対価として支払い、ターゲット会社の株主に出て行ってもらうことができるようになったのだ。

株式交換で買収する場合、支配が移転せず、かつ対価を自社株で払うグループ再編の場合には、完全子会社株式を帳簿価格で計上することができるが、対価の一部を現金で払ったり、またはコントロールが移転したりする場合には、完全子会社株式を時価で計上しなければならない。

持株会社傘下の兄弟会社化

共同株式移転を使って純粋持株会社を設立することにより、業界の競争相手を統合して純粋持株会社の下にぶら下がる兄弟会社にすることができる。これまで競争相手だった会社同士をいきなり合併するとなると、どちらが存続会社でどちらが消滅会社になるかで揉めて話がつかなくなることが多い。この点、株式移転による兄弟会社化はとりあえず双方の法人が残るので、双方の痛みが少ない。すぐ法人を1つにする必要がないため、制度やシステムを1つに統合しなくてもすむからである。興銀、第一勧銀、富士銀行がくっついてみずほグループになったときも、はじめは持株会社の下でCEOが3人いたりシステムが3つあったりした。ただし放置すると、せっかく一緒になったメリットが享受できないので、みずほコーポレート銀行、みずほ銀行、みずほ証券というように機能別の統合をしていったわけである。

業界の水平統合においては、共通の購買、製造、販売、研究開発等、それぞれ勝手にやってきた結果複数あるものを1つにして全体の固定費を削減し、共用部分の稼働率を上げて製品や商品の単位あたりの固定費を削減することがシナジーの源泉である。合併により1つの法人になれば、色々なものを統合しやすいが、純粋持株会社に加えて事業会社が2つと3つも法人があれば、シナジーの実現には限界がある。経済的には合併のほうが望ましいのに、どちらが残存会社・消滅会社になるかについて合意できないので仕方なく兄弟会社化するという例が多いのである。純粋持株会社の下の兄弟会社化は、戦いを嫌い「和をもって尊しとなす」日本文化に合致しているため頻繁に起こるが、気をつけないと企業の競争力を削ぐことになるので注意が必要だ。

第5節　会社分割を使ったグループ再編や業界再編

会社分割制度

会社分割は、既存法人内にある複数の事業を別法人に分離する制度である。2000年5月に商法の中に導入されたときは、既存法人の下の関係会社に事業を分離するのを分社的分割（物的分割）と呼び、既存法人の株主が持つ形に事業を分離するのを分割的分割（人的分割）と呼ぶことにした。分社的分割にも分割的分割にも法人を新設する新設分割と、既存の法人に吸収される吸収分割があるものとされた。ところが、その後2006年5月に新会社法が商法から切り離されて成立した際に、株式交換制度とともに会社分割制度は、会社法に移行されることになった。このとき、分割的分割は廃止され、分社と株式配当によって分割的分割と同様の結果をもたらせるようになった。

さて、会社分割制度も、株式交換制度と並んで、最適組織構成の自由を企業に与える目的を持つ。1つの法人内に複数の事業が存在することで、事業別の財務が見えにくくなったり、その事業に注力する力が落ちたりすることがある。金融ビッグバン、会計ビッグバン以後の資本市場においては、グループ全体とその保有する事業ポートフォリオの最適化が期待される。このためには法人別でなく、付加価値の括りで組織を捉える必要がある。すなわち、グループの事業ポートフォリオの経営管理組織単位を構成する、連結事業ごとの自己責任の原則による投資家重視経営が期待される。日本企業においては、複数の事業間でお互いにもたれあい、半ば意識的に連結事業別の実態を見ないようにすることが多かった。残念ながら、高度成長やバブルの波に乗って、なんとなく経営していても生き残れる気楽な時代は終わった。今は自由市場の中で、事業ごとに生き残りを賭けて戦う必要がある厳しい時代なのだ。分社や分割は、事業ポートフォリオ最適化のための組織再編の1つの手段であると考えることができる。

さて、会社分割は、法人を分離して別法人を作るものであるから、別の法人が一緒になる合併と反対の役割を持つ。会社分割制度の導入前は、合併は簡単でも、分割という制度はなかったし、分社にも問題が多かった。会社分割制度が導入される前は、分社する場合には営業譲渡や現物出資が利用されることが多かった。ところが、現物出資は価値の公正性について裁判所が選任した検査役の検査が必要だとされ、これを回避するために2年以上経過した休眠会社を探してきてこれに営業譲渡するという方法が使われた。営業譲渡は、時価で移す必要があるし、従業員の引継ぎが簡単ではない。そのため、会社分割制度の分社は、営業譲渡や現物出資の代替策としても、使われるようになった。

日本では1997年に純粋持株会社が解禁されるまで、持株会社機能だけでなく複数の事業を親会社に持つ事業持株会社が多かった。今でも日本企業の本社の大半は、純粋持株会社でなく事業持株会社であると思う。事業持株会社の場合、1つの法人内に複数の事業があり、その結果、全体の株価が、事業別の事業価値の合計から考えて低すぎると思われることがある。この現象が起こる場合の1つに、いろいろな事業の影に隠れて高収益、高成長の事業が見えにくくなることがあり、これはコングロマリット・ディスカウントと呼ばれる。この場合に、高収益、高成長の価値が高いと思われる事業を分割、分社してやれば、その事業が適切に評価され、コングロマリット・ディスカウントを解消できることがあり得る。特に、高成長が見込まれるIT・ハイテクの分野では、全体の中に埋もれるよりも、法人を分けて分離した方が意思決定が早くできるし、成長に対する評価も高くなって得なことがあり得る。

適切な資本構成の設定

分割の場合も分社の場合も、法人に属する複数の事業の中から1つの事業を分割したり、分社したりするわけだが、事業といった場合、純営業資産や投融資の所属は比較的明らかでも、有利子負債や自己資本の所属は必ずしも明らかでない。日本の多くの事業部制を取る会社においては、損益計算書は把握していても、貸借対照表は持たず、貸借対照表を持っていても純営業資産や投融資だけで、資本構成を決めていることは稀である。カンパニー制をとっていれば別だが、会社分割や分社の場合、普通はカンパニー制を前提としているわけではない。この意味では、分割や、分社をする場合に、その事業に対する有利子負債と自己資本を新法人にどの程度つけるかという資本構成が問題になる。

有利子負債をたくさん持っていけば、分割会社の有利子負債比率が改善するが、自己資本をたくさん持っていかれると、分割会社の有利子負債比率が悪化することもあり得る。承継会社としても、あまり有利子負債を引きうけてやって行けなくなっては困る。分割、分社対象事業にどのような資本構成をつけるかは、業界の類似企業や類似企業の資本構成に対する市場の評価を眺めながら慎重に判断する必要がある。

労働契約の承継

会社分割制度の導入と共に、従業員を事業とともに移したり移さなかったりしようとする労働契約承継法が導入された。分割、分社される会社へ行くべきか行かざるべきか、自由に決めることが出来るとすれば、従業員はおおいに悩むだろう。行くか行かないかによって人生が変わるからだ。会社分割制度や労働契約承継法の導入以前は、会社が本社の従業員を子会社に転籍させようと思った場合、個別の同意が必要だった。一方で、会社の意向に反して拒否すると、苛められることが多かったことも事実である。これまでやっていた仕事と別の仕事を行う子会社に強制的に転籍させられるのであれば、従業員が嫌と言うのも理解できる。しかし、事業の分社、分割のように、これまでやってきた業務を継続する場合まで従業員が拒否することを認めれば、事業の継続が困難になり、企業グループの組織最適化の自由が制限されてしまう。このために、会社分割法の導入と同時に、労働契約承継法が導入されたのである。これは、企業の組織再構成の自由と、従業員の職業選択の自由とをバランスさせたもので、企業の組織再構成の自由について規制を緩和した会社分割制度とセットで労働契約承継法が導入されたわけだ。

労働契約承継法によれば、従業員の選択の自由は、自分が分割される事業に属していたかどうかと、分割計画書（または分割契約書）に自分の転籍の記載があるかどうかで決まる。分割される事業に所属し、分割計画書に転籍の記載がある場合には、転籍を拒否できない。これを拒否されれば分割が成立しなくなり、会社分割法の趣旨が骨抜きになってしまうからだ。また、分割される事業に所属しておらず、分割計画書にも記載がない場合は希望しても転籍ができず残留しなければならない。分割と関係ない人が行きたがっても、いちいちこれを認めていれば収拾がつかなくなるからこれも当然だろう。従業員が人生を選択できるのは、分割される事業に所属しないのに、分割計画書に記載があった場合と、分割される営業に所属しているのに、分割計画書に転籍の記載がなかった場合である。まず、自分と関係ない話だと思っていたのに一緒に行けといわれたら、拒否できる。企業の経営者は分割のチャンスに事業には関係ないが気に入らない人間を分割計画書に書いて追っ払うことはできないわけである。また、皆と一緒に行くつもりだったのに、残って別の事をやれと言われた場合には、残留を拒否して分割される事業とともに行けるというわけだ。企業の経営者が、事業の中にいる自分のお気に入りを自社に残そうと思っても、本人に嫌といわれれば不可能になってしまうわけである。ただし、これは法律の話で、法律を使ってすでに決まった経営者の意向を無視しようとすれば経営者から苛められる可能性が高くなる。法律では事業から人を切り離さない話になっているということを事前に広め、自分の思うような分割計画書が作られるように事前にもって行くことが上策であろう。

私は、労働契約承継法は珍しくなかなか良く出来ている法律で、この法律の成立により、企業の組織再構築の自由と、個人の職業選択の自由の間で適切なバランスが取れるようになったと思う。話は少々飛ぶが、現在日本政府のバランスシートと有利子負債は諸外国に比較しても極端に大きくなりすぎている。税金や社会福祉手数料だけでなく、借入で調達した資金で行政サービスの提供を続けてしまったからである。これは現在行政サービスを受けている高齢者にとっては結構な制度かもしれないが、若手世代にとっては、先輩の負担を押し付けられる不公平な制度である。この問題を解決するためには、政府のバランスシートを小さくしなければならない。この場合に、人のついていない資産だけでなく人が付いている現業を、事業として官から民に移転する方法がありうる。日本の財政再建には、経済の高成長と消費税アップ以外にも選択肢はあるのだ。ただ、現業を民間に移転する場合に、これまで仕事に従事していた人達のやることがなくなって失業してしまうのでは官業の従業員がかわいそうである。業務と人を切り離す現業の民間移転は、現業従事者が抵抗して簡単には民間に移せないが、事業への従事が継続して給料がもらえるのであれば、公務員でなくなるからといって文句を言う筋合いではないと思う。この意味では、官から民へ現業を移転する場合に、会社分割制度のような考え方で事業分割を行い、労働契約承継法を適用できるようにすべきであると思う。民と民の間だけでなく、官と民の間でも事業の分割や労働関係の承継ができることを明らかにするために、そのような法律を一本作るべきだろう。

分社型新設分割と子会社設立

分社型新設分割は、複数の事業を持つ企業が法人を新設する分社を行うためのものである。グループ内組織の再編として、事業責任の明確化、コスト削減、戦略的投資家の導入な

子会社設立のための新設分割

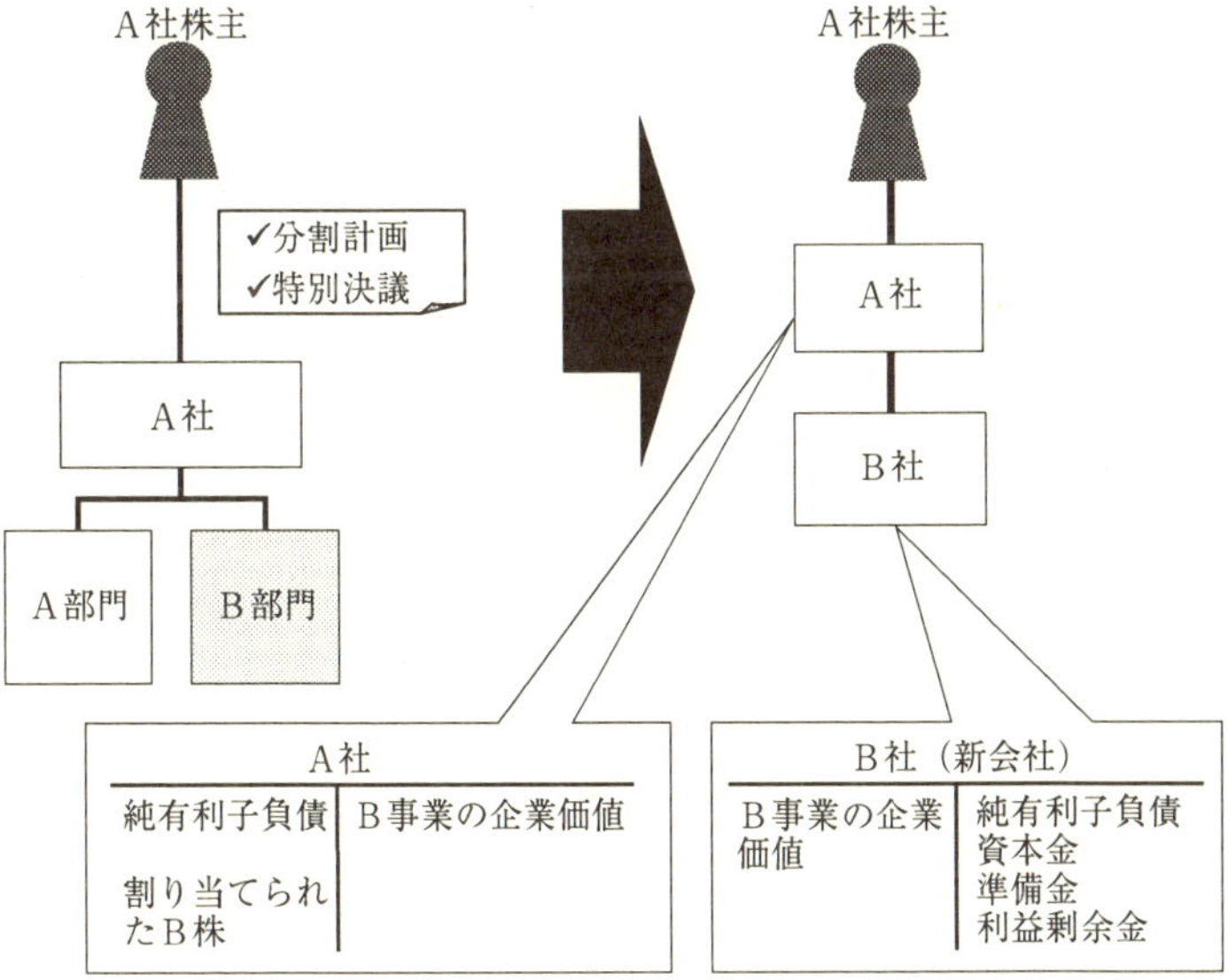

ど、本社の一部を法的に分離する必要がある場合に広く使える。カンパニー制をとっている会社が、本社内のカンパニーを切り離して事業持株会社に移行させるような場合にも使える。上場している事業持株会社が、事業部分を分社して自らは上場純粋持株会社になることもある。

具体的に見てみよう。分割会社A社が、A事業部とB事業部を持っており、B事業部を親会社から分社して、B社にしたいとする。A社としては、分割計画書を作成して、これをA社の株主総会の特別決議で承認する必要がある。分割計画書に承継する債権・債務を記載することにより、債権者の個別の合意を得ずに、債務の包括承継が可能になる。分割会社A社としては、B事業部の企業価値や純有利子負債をB社に移し、B事業部の自己資本を失う代りにB社株式を受け取る。

このとき、B事業部の企業価値である純営業資産と投融資をB社に移す点は問題ないが、有利子負債と自己資本の内訳を検討する必要がある。新設会社B社としては、B事業部の純営業資産、投融資、一定の有利子負債を引き継ぎ、残りを自己資本として、A社に株式を発行する。新会社法導入前に可能だった分割的分割の場合、これまで存在した法定準備金や剰余金を引き継ぐことが認められていたが、分社的分割の場合は法定準備金、その他の剰余金を引き継ぐことは認められていない。分割の場合、分割会社の株主が分割された事業の株主となるので、自分で分割を思いついたわけでもないのに、準備した準備金がなくなったり、払えた配当が払えなくなったりするのは困るということだった。分社の場合は分社した会社の株主には分社を決めた分割会社自身がなるので、このような問題は起きないのだ。この場合、普通の株式の発行と同様に、B社の自己資本は資本金と資本準備金とを計上する。

会社分割制度の導入によって、現物出資や、事後設立の場合と異なり、裁判所によって任命される検査役の調査なしで帳簿価格の分社を行うことが可能になった。会社分割制度の導入以前は分社したい場合、2年以上たった子会社に営業譲渡して検査役の検査を回避する方法がとられてきた。会社分割制度を使って分社することにより、2年以上たった子会社を探す必要もなくなったわけである。

２年以上たった子会社に営業譲渡する場合は時価が原則だった。したがって、帳簿価格より高値で子会社に営業譲渡すれば、内部取引消去され連結決算では認識できない単体のみの利益が出て、親法人単体の課税対象となることがあった。１００％子会社を作る新設分割においては、グループ内再編で支配の移転がないため帳簿価格で移すことが認められており、原則として課税の対象にならないため、分社で営業譲渡を使う必要は滅多になくなった。

分社型吸収分割と合弁会社設立

分社型吸収分割は、グループ内の組織再編に使うこともできるが、業界再編にも使える。グループ内組織の再編としては、本体の1事業部と子会社で、同じまたは関連する事業をやっている場合、本体の事業部を分割して当該子会社に吸収させることが出来る。事業を連結してカンパニー制を行っている場合に、そのカンパニーを事業持株会社に移行させることも簡単に出来る。本体の事業部を分割して主要管轄子会社に吸収させるわけだ。分社型吸収分割は、業界再編にも使える。業界の競争相手同士が、事業を統合することもできる。片方の会社が当該事業部を分割してもう一方の会社や、その子会社に吸収させれば簡単に事業の統合ができる。

具体的に見てみよう。A社とB社が業界で競合しているが、A社はC事業を本社のC事業部で行っており、B社はC事業を子会社Cで行っているとする。A社とB社は両方ともC

合弁会社設立のための吸収分割

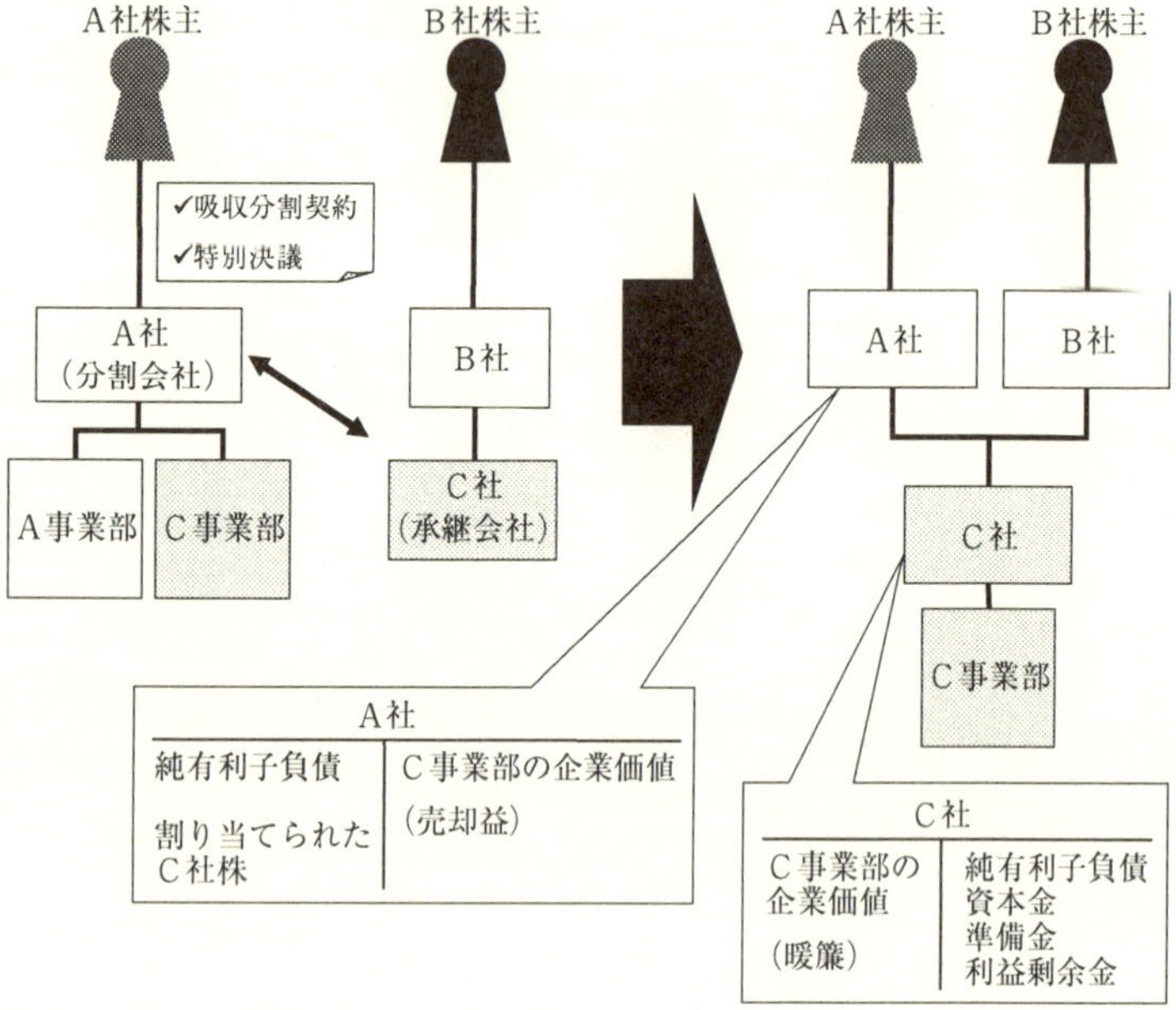

事業からの撤退はまったく考えていないが、業界でトップ3に生き残るためには、事業統合による規模が必要で、A社とB社の合弁会社を作りたいと思ったとする。吸収分割契約は、C事業部を持つA社が一方当事者だが、もう一方の当事者は、B社ではなく、C子会社になる。C事業部は法人でないので契約主体になれないし、吸収するのはB社ではなくC社だからだ。したがって、吸収分割契約を締結するのはA社とC社であり、吸収分割契約を承認するのは、A社とC社の株主総会の特別決議であるが、C社がB社の子会社であれば、結局C社側では株主B社が

決定することになる。

吸収分割を行うと、分割会社A社としては、C事業の企業価値と純有利子負債をC社に移転し、C事業の自己資本を失う代わりにC社の株式を受け取る。別の言葉で言えばC事業の企業価値を構成する純営業資産と投融資、一定の純有利子負債をC社に移転し、C社の発行する新規発行株式を引きうけるわけだ。純営業資産や、投融資を移転するときに、帳簿価格のままで移せばC社に渡すC事業部の純資産と引きうけるC社株式の帳簿価格が一致し、利益認識の問題は出てこないが、支配の移転があるため時価で移転する場合には、分割利益と課税の問題が出てくる。

承継会社のC社としては、A社が持っていたC事業の企業価値を構成する純営業資産、投融資、一定の純有利子負債を引きうけ、新規株式をA社に対して発行する。この場合に自己資本は、分社型吸収分割の意志決定をしたA社が株主となるのであるから、A社にあった法的準備金や剰余金は引き継がない。あくまでC社における株式の発行として取り扱い、資本と資本準備金を計上するわけだ。この場合に、C社の支配権をA社がとることになるためC事業の支配を維持するということで資産を帳簿価格のままで移転すれば営業権や、投資差額の償却の問題は出てこないが、A社がC社の少数株式しか獲得せず、C事業の支配が移転することを背景としてC事業を時価で移転した場合、C社の貸借対照表上で営業権を認識し、B社連結として投資差額を償却する必要が出てくる。

そもそも、吸収分割は2つの事業を統合することであるから、C社の株主としてのB社の利益と、C事業部を持っていて、C社の新株主となるA社の利害は対立し、吸収分割取引にあたっては、双方に不公平がないようにA社に株式を発行する必要がある。このために、C社の企業価値の時価と、自己資本の時価を把握するとともに、A社のC事業部の企業価値と資本構成を決定の上、持っていくC事業部の時価自己資本価値を把握する必要がある。A社としては、事業をグループ外のC社に移転して、合弁会社C社の少数株主になる場合でも、株主として一定の影響力を行使することが可能である。そのため、A社から分離されるC事業部の人達にとっても、A社と資本関係がなくなる分割型吸収分割に比べれば抵抗が少ないといえる。

新会社法における分割的分割の廃止と按分型分割

株主に対して事業を分割する分割型分割は新会社法の導入によって廃止された。ただし、分割型分割と同じような株主に対する事業分割はできるようにする必要があった。この結果、新会社法においては、株主に対する事業分割を商法の下でやっていたように一気にやるのでなく、別の2段階の手続きにより行うことになった。すなわち、①子会社への分社と、②すべての分割会社株主への同じ割合で行う株式配当である。

もしA社が、事業部Aと事業部Bを持ち、B事業部をA社株主に分割したいとする。新会

株主への按分型会社分割

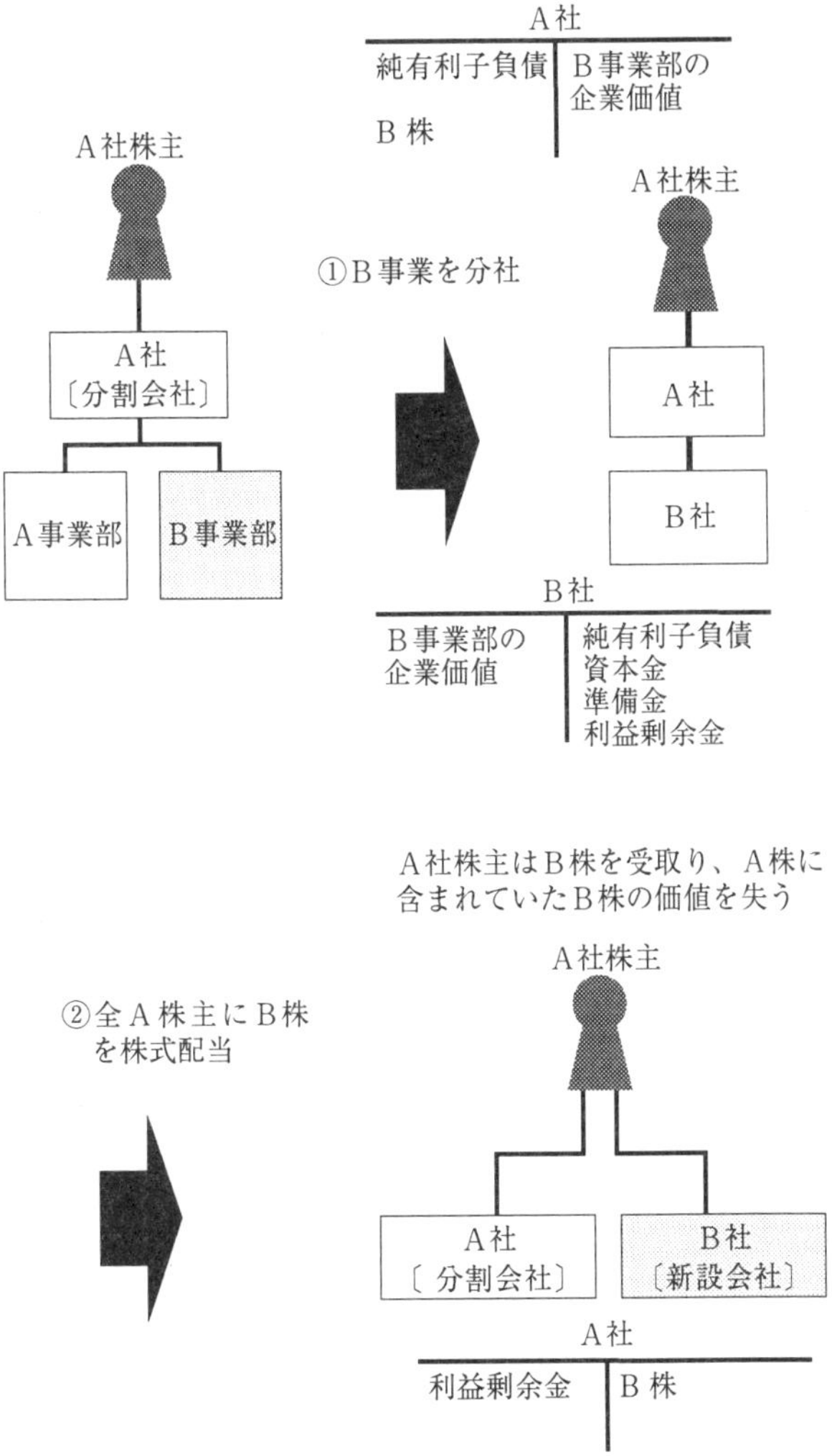
A社
純有利子負債
B株
B事業部の
企業価値
A社株主
A社
〔分割会社〕
A事業部
B事業部
①B事業を分社
A社株主
A社
B社
B社
B事業部の
企業価値
純有利子負債
資本金
準備金
利益剰余金
A社株主はB株を受取り、A株に
含まれていたB株の価値を失う
②全A株主にB株
を株式配当
A社株主
A社
〔分割会社〕
B社
〔新設会社〕
A社
利益剰余金
B株

社法により分割的分割がなくなってしまったため直接株主に分割することはできないが、B事業部をA社の子会社B社として分社することはできる。A社はB事業の企業価値と純有利子負債をB社に移転し、B事業の自己資本部分の価値を失う結果、代わりにB社株式を受け取ることになる。新設される承継会社B社としてはB事業部の企業価値と、これを支える資本構成として一定の純有利子負債と自己資本を持つことになる。B社の自己資本はA社に対する新株発行に伴う資本金と資本準備金で、もともとA社にあった剰余金等を引き継ぐことはできない。

分社した後の次のステップとして、A社としては、B社株をA社株主に株式配当することができる。この株式配当を、A社の全ての株主に持株割合に応じて按分配当すれば、結果としてもともとA社株主は、A社株とB社株の双方を全ての株主が持つことになる。これを按分型分割という。分割会社の株主としては、株式配当としてB株を受取るかわりに、A株の価値はその分だけ低下する。分割会社A社の株主は、A株の価値に含まれていたB事業の自己資本価値を失うかわりに、B社の株式を受け取ることになるのである。この場合、配当可能利益がなくて分割のための株式配当をできないと分割できないことになってしまうので、配当可能利益がなくても、株式配当できることを定めている。按分型というのは、A社株主がA社の株を持っている比率に応じてB社株を按分して受け取る所から名付けられたものである。

非按分型分割

商法では、非按分型分割的分割も可能だったが、会社法では分割型分割自体が廃止されてしまったために、非按分型分割方分割を達成するためには、3つのステップを踏まなければならなくなった。

まず、株式として、普通株式Xだけでなく全部取得条項付き種類株式Yを発行しなければならない。証券を発行するときの買取りオプションは、投資家側が保有する場合と発行会社側が保有する場合と2種類あるが、この場合の買取りオプションは、発行する会社側が保有する。全部取得条項付き種類株式を発行する場合、定款で全部取得条項付き種類株式を発行できることを定めた上で種類株を新たに発行することもできるが、普通株の一部に全部取得条項を付する定款変更を株主総会の特別決議で行うことも可能である。

次に、按分型分割のときと同様に、A社のB事業部をB社に分社する。これでA社の100％子会社としてB社がぶら下がる形になる。A社はB事業の自己資本価値を失うがB社の株式の100％を持つ。B社はB事業の企業価値と純有利子負債を受取り、新株を発行してA社に渡す。

続く3つ目のステップとして、A社は、株主総会の決議によって対価を定めた上で全部取得条項付き株式の買取オプションを行使し、Y株を取得し、対価としてのB株を交付する。Y株主としては、Y株を失うかわりに、B株を受取り、B社の株主になるわけである。A社

株主への非按分型会社分割

①普通株のほか全部取得条項付種類株を用意

- 普通株：　X 株
- 全部取得条項付種類株：　Y 株

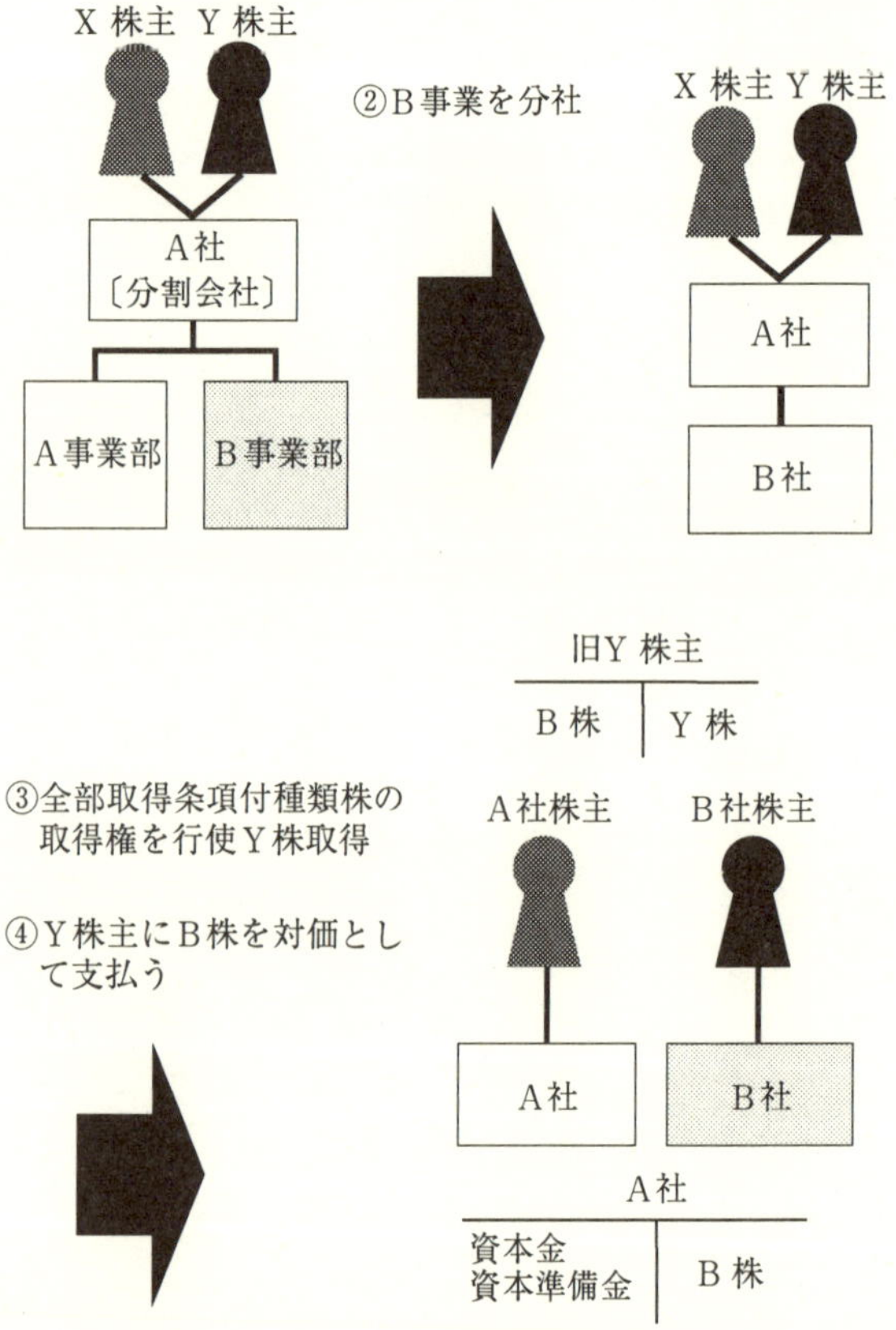

としては、Y株を買取る対価としてB株をもとY株主に交付するが、Y株がなくなるのでA社におけるY株に対応する資本金や資本準備金もなくなることになる。この結果、A社の普通株主のみがA社の株主として残り、全部取得条項付き種類株Yを受け取った株主は、これをB株に変えてB社を保有することになる。商法で存在した非按分型分割がこれで成立したことになるわけである。

第6節　LBOとMBOに成功する方法

LBOとは何か

LBO（Leveraged Buy Out）とは、買収の買い付け資金を借入金等の大半を有利子負債によって調達し、その借入金の担保として被買収企業の資産やキャッシュフローを充てる買収手法のことである。レバーというのは梃子のことで、梃子は小さな力で大きなものを持ち上げることができる。買収においてレバー・アップとかレバレッジを大きくするというのは資本構成中で有利子負債を増やし自己資本を減らすことである。レバレッジは、小さな自己資本で多額の有利子負債の利用によって大きな力を生もうとするものである。しかし、レバレッジが大きくなると、株主のリスクが大きくなる。企業価値の投資収益率が有利子負債の金利を上回る場合はプラスの差額が積み重なって株主に大きなリターンがもたらされる一方で、企業価値の投資収益率が有利子負債の利率を下回ると、マイナスの利鞘が積み重なって株主に大きな損失がもたらされることになる。株主は、事業リスクだけでなくレバレッジ・リスクを引き受けることになるので、大きな自己資本リスクを抱えることになるのである。LBOは、ハイリスク・ハイリターンの手法なので、儲かれば大金持ちになるが損をすれば大損をすることになる人生の賭けである。

LBOは80年代に、ドレクセル・バーナムのマイケル・ミルケンがハイ・リスク債券に投資するジャンクボンド市場を作ったことと相俟ってアメリカで大ブームになった手法である。しかし、日本ではハイリスクの債券に投資する投資家がほとんど存在せず、ハイ・リスク社債を発行できないので大きなLBOはあまり見ない。ただし、MBOと共にあるLBOはそれなりに存在する。

MBOとは何か

日本ではMBOを伴わないLBOはあまり見ないが、LBOとして行うMBOは結構起こりつつある。MBOとはマネジメント・バイアウト（Management Buy Out）といって、これまでの経営者が、自分が経営する企業の株式を取得してオーナーになる手法である。

買収対象会社の経営者が自社を親会社やオーナーから買収するにはいくつかの方法が考えられるが、経営者はターゲットを買収するのに十分な自己資金を保有していないのが普通なので、まず買収資金を調達しなければならない。このためには、買収目的の特定目的会社（SPC：Special Purpose Company）を設立し、これに、経営者と、ベンチャーキャピタルやプライベート・エクイティー・ファンドが出資し、さらに金融機関が融資を行うことによって買収のための資金調達を行うことが一般的である。こうやって集めた資金を使って、買収対象会社の株式または事業を買収する。SPCが営業を譲り受ければSPC自体が事業を保有することになるが、SPCが買収会社の株式を購入した場合は、法人が2つになるため、SPCとターゲットを合併して法人を1つにし、SPCの資本構成をターゲットに移転することも良く行われる。

SPCが借入で資金調達をするとき、銀行は担保が必要だが、経営者は巨額の借入に必要な担保など持っていないことが多い。このためSPCは、被買収会社の資産および将来のキャッシュフローを担保にして外部から借入を行うことになる。このとき大きな借入金を使って負債比率が高まれば、MBOと同時にLBOであることになる。ベンチャー・キャピタルやプライベート・エクイティー・ファンドは、新会社が軌道に乗って株式公開するときに自分の投資を一般投資家に売り出したり、それ以前に経営者や第三者に売却したりしてキャピタルゲインを得ることが目的の投資家である。すべてのMBOやLBOがうまくいくわけではないので、MBOを行う経営者の目から見ればかなり大きなリターンを期待することが多い。

日本でＭＢＯでないＬＢＯは滅多にないのに対し、ＬＢＯを含むＭＢＯがそれなりに起こっている現状には理由がないわけではない。日本国内は、高度成長期から低成長期に移行し、人口が減少し少子高齢化する成熟期を迎えている。バブル崩壊後の会計ビッグバン、金融ビッグバンを背景に、企業グループは、業界における生き残りをかけて、事業の選択と集中による事業ポートフォリオの再構築を迫られているのである。このため自分で継続する事業にはさらに資源を投資しなければならないが、やっていけそうにない事業は、閉鎖したり、売却したりする決断が必要になってきている。やっていけそうにない事業をどうするかということだが、ＭＢＯでも売却できれば、閉鎖よりはましである。ＭＢＯ選択のメリットとして、ノンコア事業を早期に売却することができるし、もともとの経営者に売却するため友好的な売却ができ、売却プロセスもスムーズに進めやすいということがある。他社へ売却する場合、従業員の流出やマイナスのイメージがつきまといがちだが、もともとの経営者に売却するのであればそんなことはない。

中小企業のオーナー経営者にとっては、同族に後継者がいない場合には、これまで一生懸命育ててきた事業を信頼できる会社の役員、もしくは自分の部下に売却して安心して退職できるということもある。事業を引き受ける経営者側にとってみても、これまで役員とはいえ単なる一企業の従業員だった人間が、企業のオーナーになるということであれば、うまくいけば資産家だという夢を持つことができる。ＭＢＯを行うと、企業の所有者と経営者が一致するため、株主価値を上げるモティベーションのアップにつながり収益の向上が起こりやすいともいえる。

MBO／LBOに成功する秘訣

ＭＢＯは購入する経営者側にしてみれば、少ない自己資金で事業を買収できる夢物語のように聞こえることもあるが、いくつか注意しなければならない点がある。まずは、無理な借入れをすれば金利負担が大きくなって、有利子負債に押しつぶされてしまいかねない。特にＬＢＯのように大きな有利子負債を負った買収を行うためには、早く借入金を削減できるかどうかが成功の鍵になる。

ＬＢＯを行うと買収直後は一時的に有利子負債が過剰になり、本業である企業価値からの投資収益率が、有利子負債の利率を上回ってしまうことが多い。有利子負債を使いすぎると、格付けが下がり負債コストが上がるとともに、自己資本リスクが高まるため自己資本コストが上がり、平均資本コストは増加する。平均資本コストが本業からの収益を上回る状況で放置しては間違いなく破綻する。そのため、過剰になった有利子負債をできるだけ早く返済していく計画が重要で、手遅れになる前に安定した資本構成にもっていけるかどうかが買収後の財務戦略として最重要なのである。

アメリカでは、借入金の負担に耐えられず、買収後に倒産してしまった例もある。そう

LBOに狙われやすいターゲット

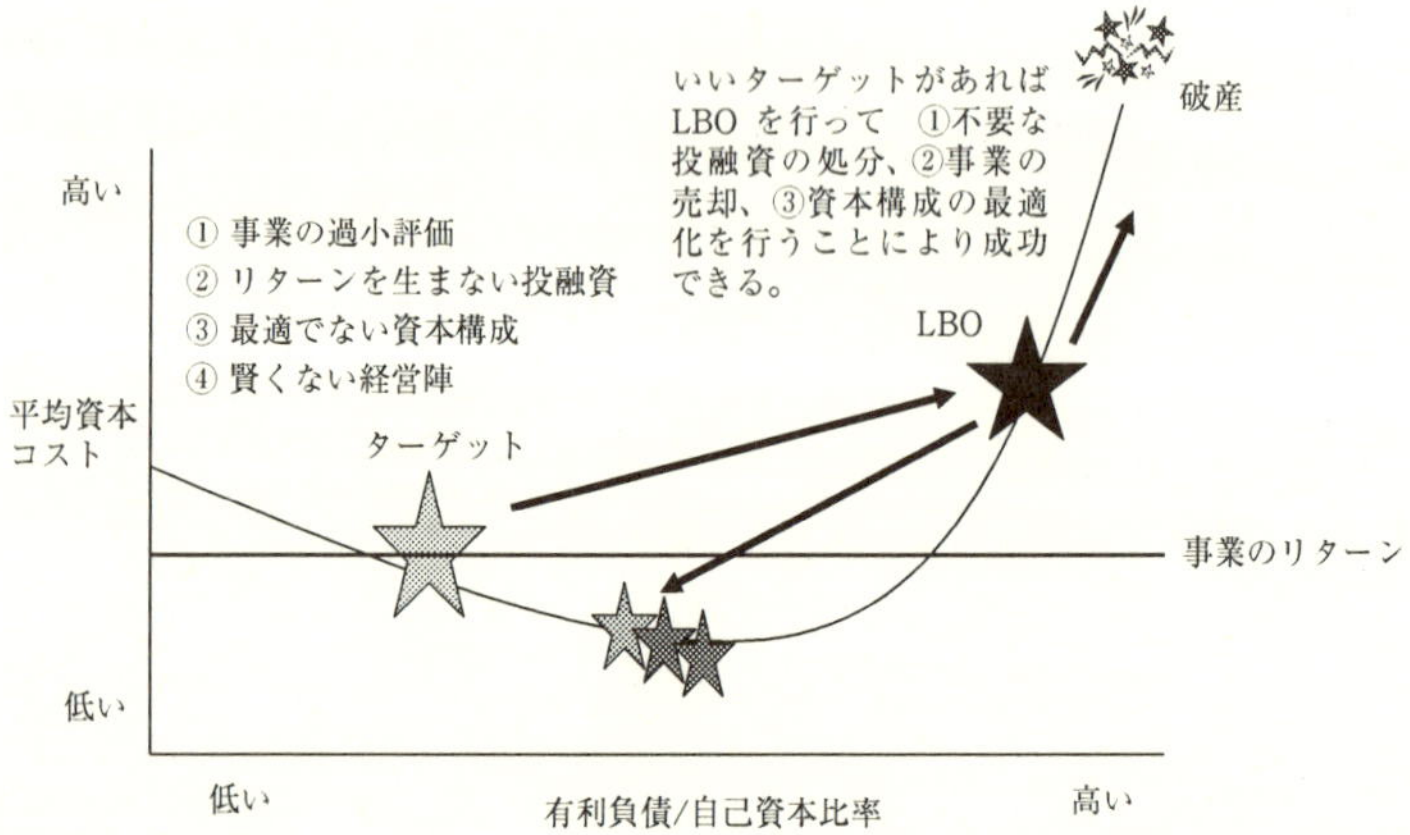

ならないためには、不要な投融資の処分や一部事業の売却、株式の発行等で、できるだけ早く有利子負債を削減することが望ましい。買収後に有利子負債の削減策をいろいろと検討していると、事業環境や金融環境が変わったりすることもあるため、事前に財務の最適化プランをよく検討して準備し、買収後は直ちに財務の最適化、有利子負債の返済プランを推進することが望ましい。何度も繰り返すが、買収前に予定した財務の最適化プランを買収後にどれだけ早く確実に実行できるかということが、ＬＢＯが成功するための最大のポイントなのである。

止めたほうがいいターゲットと狙われやすいターゲット

　ＭＢＯに不向きな企業としては、キャッシュフローが少ないか不安定な企業、ハイリターンではあるけれどもリスクも高い企業、設備投資や研究開発費に莫大な費用がかかる企業等がある。キャッシュフローが少ないとはじめから金利を払えないかもしれないし、キャッシュフローが不安定だと本業がうまくいっているときはいいが、業界事情が悪化したとたんに金利を払えなくなってしまいうる。設備投資や研究開発費等に莫大な費用が必要な業界は、買収後、資金を回収する前にさらに大きな投資を必要とすることがある。追加投資を回避するため設備投資を抑制して製品開発や研究開発が遅れ、本業の競争力を失っては何をやっているかわからない。

すばらしい経営者が経営して高い評価を得ている会社も、買収後に改善することが難しければＭＢＯやＬＢＯのターゲットにはなりにくい。株の評価が下がれば投資家にはすぐ影響があり、ベンチャー・キャピタルやプライベート・エクイティー・ファンドは黙っていない。事業環境や金融環境が激変しているときもＭＢＯやＬＢＯは難しい。これまでやっていた方法が業界で通じなくなったり、金利が上がったりすれば、借入の返済が困難になったり、予定していた社債発行による有利子負債の長期化が困難になったりするからである。業界の規制が政治により変わろうとしているときも、ＭＢＯやＬＢＯは難しい。政治はどちらに転ぶかわからず、期待が実現するとは限らないからである。

ＭＢＯやＬＢＯのターゲットになりやすいのは、これまで、必ずしもちゃんと経営されてこず、価値が過小評価されている企業である。親会社やオーナーが邪魔をするのでちゃんとした経営ができず、株価が下がっていたような場合、親会社やオーナーを切り離して本業の事業価値が上がれば、新株の発行や有利子負債の返済もやりやすいというものである。キャッシュフローが大きくて安定している成熟産業の企業は、比較的MBOやLBOのターゲットになりやすい。本業からのキャッシュフローが高位で安定していれば、金利が多少大きくなっても返済が滞る可能性が減少するからである。キャッシュフローが安定して大きい成熟産業に属する企業で、自分がやれば経営を改善でき、かつ業界環境、金融環境が安定しているときが、自分の財務最適化計画が実現しやすく、MBOやLBOに踏み出すタイミングであるといえる。

MBO後の自由と自己責任

MBOを行って経営者がオーナーになったとしても、経営者にとってすべてが楽になるわけではない。ベンチャー・キャピタルやプライベート・エクイティー・ファンドは早期の上場や株式の売却を求めるし、銀行は事前の財務最適化計画の迅速な実行を迫ってくる。大企業の子会社と違って自分の会社となればすべて自分で決めることができるが、自分が自由に決めたことは、あとで責任を取らなければならない。自分の会社になったとたんに、ビジョンや戦略の策定、事業計画の進捗管理、利害関係者に対する対応等がすべて自分に降ってくるのである。従業員は、うまくいかなければオーナー経営者を非難し、安定した給料の支払を求めるため、経営者が彼らを自分の甲斐性で養っていかなければならない。

ＭＢＯ後の新会社においては、経営者はオーナーなのだから、制度やシステムの導入も自分の思うようにする自由がある一方で、導入した制度に責任を取らなければならないし、システムにはコストがかかる。自由と共に責任が重くのしかかってくることは間違いない。顧客や供給業者の中には、大手企業のグループから離れた途端に取引の継続を拒否して逃げていく企業も出てくるだろう。ＭＢＯによって大企業グループの傘下から出てしまえば、大企業の信用を失うのは当たり前である。自分で選んだ道だから逃げるわけには行かないが、事業が軌道に乗るまでは決して安楽な道ではないことだけは間違いない。

第5章

企業価値評価の方法

第1節　企業価値の正しい定義

企業価値定義のグローバル・スタンダード

企業価値という言葉は、M&Aアドバイザー、学者やマスコミの間でも事業価値や自己資本価値と混同されて不正確に使われていることが多い。企業価値とは、英語で言えば、Enterprise Valueであり、企業の本業の価値のことである。本業の価値といっても、企業価値は、営業利益を生む狭い意味の事業価値だけでなく、事業を行うために必要な投融資を含む広い意味での本業の価値のことである。自己資本でなく有利子負債で資金調達しても本業の価値になるので、企業価値と株主の保有する自己資本価値とはまったく異なる。株価総額のことを企業価値と思い込んでいる人がいるが、そうではない。銀行からお金を借りて工場を建設すれば本業の価値は増えるが、自己資本の価値は必ずしも増加しない。本業の価値である企業価値と自己資本価値とはまったく別物なので区別して欲しい。企業価値は営業利益を生む事業価値だけでなく投融資を含むので、企業価値から生み出される損益計算書上のフローは営業利益でなく金利税前利益（EBIT：Earning Before Interest and Tax）である。

事業価値と投融資を含む企業価値という本業に投資するには資金調達が必要であり、企業価値は、純有利子負債と自己資本という資本構成によって支えられている。企業価値を自己資本価値と混同している人が多いことにはいつも閉口するが、企業価値は、純有利子負債の分だけ、株主の保有する自己資本価値とは異なる。資本構成サイドから見れば自己資本に純有利子負債を足して企業価値が計算されるので、企業価値は自己資本価値より純有利子負債の分だけ大きいことが多い。有利子負債で資金調達しても本業を運営することはできるからこれは当たり前である。通常は有利子負債のほうが現預金より大きい（ネットデット）状態であるが、たまに、現預金が有利子負債よりも大きいことになる。これをネットキャッシュという。この場合、自己資本価値は企業価値と純現預金（ネットキャッシュ）の合計になり、自己資本価値は企業価値より大きくなる。この場合、株主が本業である企業価値のほかにネットキャッシュを保有しているといえる。

このように会社の価値には、事業価値、企業価値、自己資本価値というように、色々な価値の定義があるため、会社の価値評価の話をする場合には、まず事業価値、企業価値と自己資本価値を区別して会話しないと、話が大混乱するので注意が必要だ。

コーポレートファイナンスの基本型貸借対照表

コーポレートファイナンスの理論を語る場合に、財務諸表に対してやらなければならない基本的な準備作業が1つある。それは、バランスシート項目の組み替えである。

通常のバランスシートは、総資産が左にあり、総負債と自己資本が右にある構成をしてい

企業価値の定義

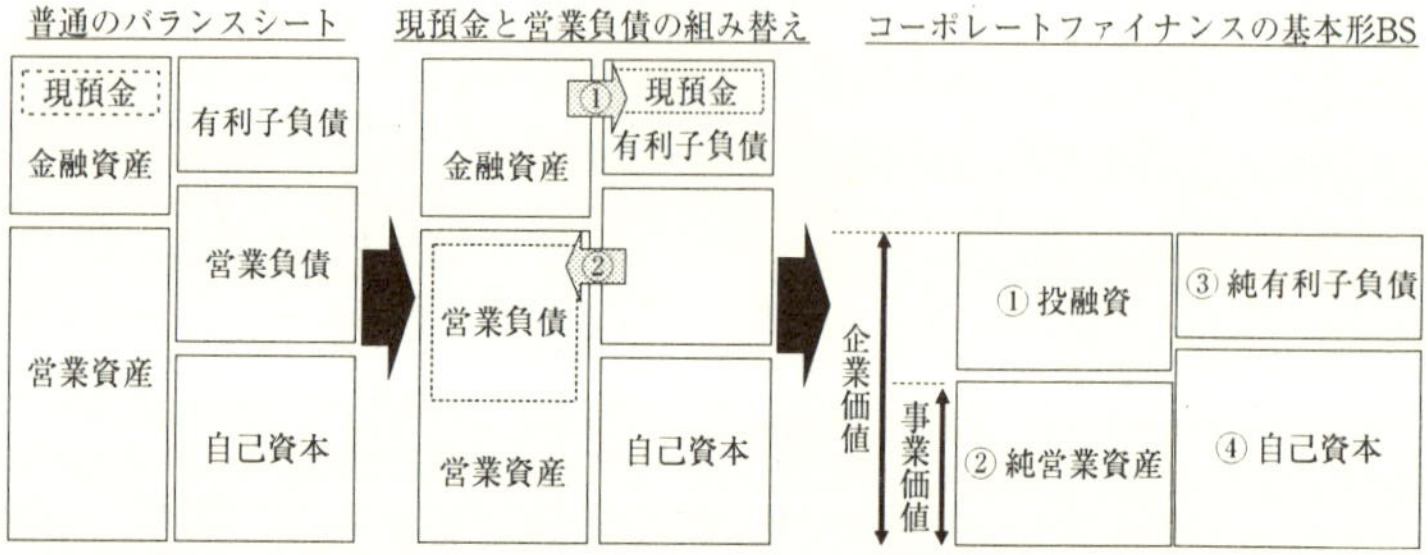

る。これは企業が持っている資産を左において、借りている負債を右に置き、持っている資産から借りている負債を引いて正味で持っている正味資産を見ようという構成だ。しかし、資産の中には、売掛金、在庫、本社ビル、工場のような本業を構成する資産と、現預金、貸付金、投資有価証券のような金融資産の2つがある。本業に使っている資産を営業資産と呼び、金融資産を現預金と投融資の2つに分けることにする。一方、負債の中にも、買掛金や年金債務等の本業に使っている負債と、銀行借入や社債のような、有利子負債とがある。本業に使っている負債を営業負債と呼び、有利子負債と区別することにする。

このように、資産と負債中の営業部分と金融部分を分離した後に、バランスシートの左の金融資産中にある現預金を左から右に移して有利子負債から控除し、右にある営業負債を左に移して営業資産から控除する。金融資産から現預金を引いた貸付金、投資有価証券のような金融資産を投融資と呼び、営業資産から営業負債を引いた純営業資産を事業価値と呼ぶ。本業に使われる営業資産や営業負債は、個別の評価に意味があるのではなく、まとめて純営業資産として売上や営業利益を生むので、ストックをひとかたまりにして事業価値と呼ぶのである。事業価値は、狭い意味の本業だが、これに投融資を足したものが広い意味の本業の価値であり、これを企業価値と呼ぶ。本業を行うためには、事業価値だけでなく取引先に対する投融資が必要なことがあるので、広い意味の本業は投融資を含め、これを企業価値とよぶのである。さて、この組み換えによって、本業に関する資産や負債がすべてバランスシートの左側により、企業価値と呼ばれることになる。一方、有利子負債から現預金を引いたネットの有利子負債をネットデットと呼ぶ。ネットデットはお金を借りても返しても増減しない。借りれば有利子負債は増えるが現預金も増え、返済すれば有利子負債も減るが現預金も減るからである。したがって企業の本業価値である企業価値は、お金を借りても返しても変動しないことになる。企業価値は、企業の本業に対する投資であり、これを資本構成として支えるのが純有利子負債と、自己資本である。このように貸借対照表を組み替えることによって、狭い意味の本業である事業価値の帳簿価格とこれに投融資を加えた広い意味の本業である企業価値の帳簿価格が把握でき、これに対する資本構成が把握できる。現預金と営業負債を組み替えたので、企業価値の帳簿価格は、総資産の帳簿価格から現預金と営業負債を引いたものになる。

バランスシートの組み換えを行い、企業価値を純有利子負債と自己資本が支える形にすることによって、企業の財務を最適化する方法が考えやすくなる。企業の本業については、事業の効率化や事業ポートフォリオの最適化が問題になる。投融資については、内容を精査し、不要な投融資があれば処分しなければならない。事業と投融資を足した企業価値の問題は、組み替えたバランスシートの左側の問題である。また、企業価値を支える資本構成の最適化の問題は、組み替えたバランスシートの右側の問題ということになる。

価値の帳簿価格と市場価格

企業価値というのは帳簿価格でなく時価をさす言葉だと思い込んでいる人も多いが、企業価値はいつも時価であるとは限らない。企業価値にも帳簿価格と時価が存在する。企業価値の帳簿価格は、事業価値の帳簿価格に、投融資の帳簿価格を足して計算される。企業価値の時価は、事業価値の時価に投融資の時価を足して計算される。相手がどちらの話をしているのかわからないと価値の数字の話は大混乱する。

投融資の時価を考える場合、投資と融資は資産の性質が違うので分けて考える必要がある。融資は、貸した後に金利と元本が返済される金融資産である。融資の時価は、受取予定の金利と元本というキャッシュフローをリスクに見合った割引率で割り引く方法が正しい。融資が、不良債権化しているときは、実際の受取が見込まれるキャッシュフローを考え、これをリスクに見合った割引率で割り引いて現在価値に直したものが融資の時価である。融資の時価がもともとの帳簿価格より小さい場合には、会計上、平均損失見込みを引き当ててネットの融資の金額を小さくしなければならなくなることもある。逆に、金利が高いときに出した融資の時価は、現在のリスクに見合った市場金利で割り引けば、帳簿価格より高くなることもありうる。融資でも時価は帳簿価格とは違うのである。投資は、大きな投資の評価を正確にやろうとすれば、個別投資先の営業キャッシュフローを予測した上で、事業価値、企業価値や自己資本価値の時価評価を行い、持分の時価を計算することが望ましい。しかし、金額が小さくて重要性が低いときには、投資先の経常的な純利益に業界の株価収益率を掛け、持分を掛けて評価するような簡便法を使うことも多い。投融資の合計時価は、このように投資と融資を区別して個別時価評価し、積み上げることによって計算される。事業価値は純営業資産というまとまりで売上や営業利益を生むわけだが、これと違って金融資産は個別の資産ごとに金融収益を生むため個別計算して合計するのである。

M&Aのような取引を第三者と行おうとすれば、本業としての事業価値や、企業価値だけでなく、有利子負債や自己資本のような資本構成も時価評価が必要になることが多い。株の売買なら時価でやるのは当たり前だし、営業譲渡をする場合の対象は事業価値や企業価値の時価かもしれないが、売り手や買い手の当事者としては自分の株主に対する影響や購入事業につける資本構成を考えるためにも有利子負債や自己資本部分の時価評価をしておくべきである。

純有利子負債は、銀行借入、CP、社債のような有利子負債から現預金を引いたものである。有利子負債は、帳簿価格と時価が一致していると勘違いしている人も多いが、これは間違いである。固定金利で有利子負債を設定した場合、金利や元本ははじめに決めた通りのキャッシュフローになるが、これを割り引く割引率は金融市場の変動に応じて変化するため、有利子負債の時価は金融市場の金利に応じて変動するのである。バブルピーク時の高金利のときに借りた借入の金利と元本を現在の安くなった市場金利で割り引けば、有利子負債の時価は帳簿価格より大きくなる。この場合、有利子負債の時価が帳簿に出ているより実際は大きいということであるから借り手としては困った話で、有利子負債に含み損があることになる。反対に、銀行預金のようなものは、目に見えないような預金金利しか払わないので、金利と元本をリスクに見合った現在の市場金利で割り引けば、時価は帳簿価格よりもはるかに低くなる。これは預金者にとっては腹立たしいが銀行にとってはいい話で、返済キャッシュフローの時価は帳簿価格よりはるかに小さいので、銀行側で銀行預金には大きな含み益があるということになる。

自己資本の帳簿価格は、会計帳簿の貸借対照表上の自己資本のことであり、資本金だけでなく、資本剰余金や、利益剰余金等を含む。これは株主が帳簿上保有している価値のことである。これに対して、自己資本の時価にはいくつか計算方法がある。1つは、1株あたりの株価かける発行済み株式数で求められる株価総額である。これは上場企業で株に市場価格がついている場合のみ可能になる。自己資本の時価は、企業価値の時価から、純有利子負債の時価を引いて求めることもできる。これは株を公開している必要はまったくない。事業価値はDCF法で事業から生ずる営業フリーキャッシュフローを割り引いて現在価値を計算し、これに投融資の時価を足して純有利子負債の時価を引けば時価自己資本が計算できることになる。ほかにも簡便法として、配当に一定の成長が見込まれる場合に、配当総額／(期待利益率－成長率) で自己資本の時価を推計することもできる。

ストックとフローの対応関係

さて、上記のように、バランスシート項目の組み替えによって、事業価値や企業価値等の本業価値を定義し、資本構成を定義することができるが、その結果、財務諸表のストックとフローが一致するという効果も生まれる。

財務諸表において、損益計算書は、本業の結果としての売上から営業利益で始まり、投融資収益を中心とする営業外収益を足して、金利を中心とする営業外費用を控除して経常利益を算出する。その後に特別損益を加減して、税引前利益を算出し、少数株主持分や税金を引いて当期利益を算出するわけだ。

通常の貸借対照表は本業のストックが資産と負債に分かれており、資産の中に営業資産と金融資産、負債の中に、有利子負債と営業負債が混在していて本業の価値や本業への投資を支える資本構成の問題を考えにくい。しかし、上記のように組み替えた貸借対照表においては、事業価値が売上から営業利益までのフローを生み、投融資が営業外収益というフローを生むという意味でストックとフローの対応関係が明確になる。事業価値は営業利益を生むためにあり、投融資は投融資収益を生むためにあるのである。営業外収益と投融資は、現預金のリターンや投融資収益以外の営業外収益がある点で少々ずれはあるが、金利収益、配当、持分損益等の投融資収益が営業外収益の主要部分であることは理解できるだろう。事業価値から営業利益が生まれ、投融資から投融資収益が生まれるのだとすれば、営業利益/事業価値、投融資収益/投融資を計算することによって、狭い意味の事業価値の投資収益率や、投融資の投資収益率を計算することができる。投融資の投資収益率は個別の資産ごとにも計算できる。

また営業外費用と金利コストも金利以外の営業外費用がわずかにあるが、金利が営業外費用のほとんどであることが普通である。

さて、自己資本に対する損益計算書上のフローは何だろうか? 事業価値から営業利益が生み出され、投融資から営業外収益が生み出され、有利子負債に対して営業外費用を払うのなら、特別損益や税金がなければ、株主が受け取るのは経常利益のはずだ。しかし、実際には毎年特別損益があり、かつ税金を政府に持っていかれるのが現実である。したがって、経常利益に特別損益を加算し、税金を控除した当期利益が株主の取得するその期のリターンであるということになる。また、経常部分の方が今年度だけ発生する特別損益よりも重要であるとすれば、経常利益から税金を引いた経常純利益が、株主に対する経常のリターンだということになる。

それでは、企業価値という広い意味の本業から生み出される損益計算書上のフローは何だろうか？　経常純利益や当期利益が株主に対するリターンであるとすれば、これに税金と金利を足し戻せば、企業価値に対するリターンになる。経常純利益や当期利益に税金や金利を足し戻したものは英語でいえばEarning Before Interest and Taxであり、省略してEBIT（エビット）と呼ばれる。EBITは経常純利益に税金と金利を足し戻しても計算できるが、その本質は、営業利益と投融資収益の合計である。経常純利益に税金を足し戻せば経常利益になり、経常利益に金利（営業外費用）を足し戻せば、営業利益と営業外収益の合計になるからである。したがってEBITは事業価値と投融資を合計した企業価値というストックに対応する損益計算書上のフローである。EBITは、金融市場ではあたかも当期利益から遡って計算される1つの指標に過ぎないような取扱を受けているが、実は広い意味の本業である企業価値のリターンとしての積極的な意味を持つわけである。したがって、本業の投資収益率を計算しようとすれば、EBIT／企業価値を計算すればいいことになり、これは、営業利益／事業価値と投融資収益／投融資に左右される。

第2節　類似企業比較方式による簡易評価

類似企業比較方式

類似企業比較法式は、評価したい企業の業界で公開している類似企業を数社選択し、その株式の株価から業界の標準評価倍率を計算する方法だ。業界用語としては「コムコ」(Comco：Comparable Company Method)と呼ばれる。これは、事業価値や企業価値を、株価から計算していくという意味で価値を市場に聞く方法である。時価を計算する上で市場の現状を反映するので、ＤＣＦ法のような事業が生み出すキャッシュによる評価とは本質的に違う。

類似企業の選択の仕方

まず、業界において、公開している類似会社を探す。一部、二部上場でも店頭公開企業でもかまわないが、評価対象企業が日本の会社の場合、日本で公開しているものを利用する必要がある。海外で公開している外国企業は、金利やインフレ水準、リスクや投資機会等の市場がまったく異なるので比較にならない。アメリカ企業の買収の場合は、アメリカ企業の類似企業をアメリカの市場で探す必要がある。

類似企業比較方式

①評価対象組織の特定	評価の対象となる法人や連結事業部（事業部やその管轄関係会社）を特定する。
②類似企業の選定	評価対象事業が属している業界において、上場している類似企業をできるだけたくさん、少なくとも数社選択する。
③類似企業のデータ収集	類似企業の株価、株式数、売上、営業利益、減価償却費、経常純利益、自己資本の簿価等のデータを収集する。
④類似企業の時価評価	類似企業の株価総額、純有利子負債、投融資、事業価値を計算する。
⑤評価倍率計算 異常値の排除と 業界評価倍率の 範囲の計算	類似企業ごとに評価倍率を計算し、異常値を排除して業界の評価倍率の範囲を計算する。 ・事業価値／売上 ・事業価値／営業利益 ・事業価値／営業 CF ・PER（株価総額／経常純利益） ・PBR（株価総額／簿価自己資本）
⑥評価対象組織の評価	類似企業の評価倍率に評価対象組織の数値を掛けて事業価値、企業価値や自己資本価値の範囲を算出する。

類似企業は、事業の性質、事業規模、収益の構造等が評価対象事業とできるだけ似ているものを選ぶ。同一の事業は世の中に2つとないが、似たような事業は意外にあるものだ。厳密に同じ企業を探そうとすると1社も見つからなくなるが、完全に同じというよりは、存在する公開企業の中で相対的に近いものを数社選択するという方針で選択すればよい。

類似企業における株価総額、企業価値、事業価値の計算

次に、類似企業の株価と発行株式総数を見て、株価総額（自己資本の市場価格総額）を計算する。株価総額は、市場が評価する株主価値の総額で、通常「マーケット・キャップ」（Market Capitalization）と言われるものだ。

類似企業のマーケット・キャップを計算した後に、類似企業の企業価値を計算する。マーケット・キャップは自己資本の市場価値である。企業価値は純有利子負債と自己資本価値の合計であるから、企業価値の時価は、マーケット・キャップに純有利子負債の時価を足すことによって計算できる。子会社に少数株主がいれば、マーケット・キャップに少数株式持分の時価を足して純有利子負債の時価を足すことによって、企業価値の時価を計算できる。少数株式持分の時価を正確に計算しようとすれば、少数株主がある企業の企業価値時価を計算して、その少数株式持分の時価を積み上げる必要があるが、大企業グループでたくさん少数株主のいる子会社がある場合、大きいものだけ計算すれば十分であろう。類似企業の純有利

子負債の帳簿価格は、公開している類似企業の有価証券報告書の貸借対照表から、有利子負債総額と現預金をピックアップし、これをネットすることによって計算できる。

純有利子負債の時価と帳簿価格は、先に述べたように、銀行の預金や財投借入をした公的金融機関等ではかなり異なるが、通常の事業会社の場合は近いことが多い。企業価値評価実務では、有利子負債の時価が帳簿価格と大きく異なりそうな要因がない限り、帳簿価格と時価を等しいと仮定して計算することが多い。

さて、企業価値は、自己資本価値と純有利子負債の合計である一方、事業価値と投融資の合計でもある。したがって、企業価値から投融資の金額を控除することによって事業価値を計算することができる。事業価値の時価を計算しようとすれば、企業価値の時価から投融資の時価を引けばいいのである。投融資も実際には帳簿価格と時価が異なる。そこで、投融資の合計時価を計算するためには、先に述べたように、不良融資に平均損失見込みを引き当てたり、大きな投資は、投資先の事業を評価したりして投融資の時価を個別に計算して積み上げる必要がある。

類似企業における評価倍率の計算

類似企業の、株価総額、企業価値時価、事業価値時価が計算できたら、これらのストックが類似企業のフローに対して何倍くらいになっているかという評価倍率を計算する。

まず株価総額（マーケット・キャップ）が、当期利益や、自己資本の帳簿価格に対して何倍になるか計算する。自己資本に関するフローは当期利益や経常純利益であって、営業利益やＥＢＩＴは自己資本に対するフローではないため、自己資本というストックと比較するフローとして関係があるのは当期利益と経常純利益だけである。しかし、評価倍率は業界標準として使用したいので、特別損益を含まない経常部分のみが重要である。したがって、当期利益から特別損益を外し、税引後の経常純利益として把握する。経常純利益は、経常利益から税金を引いて計算する。経常純利益は、当期利益と異なり、特別要因を取り除いて経常性を確保した、自己資本保有者のためのボトムライン利益である。マーケット・キャップの経常純利益に対する割合は、１株あたりで見れば、株価の１株あたり純利益（EPS：Earning Per Share）に対する割合に等しく、Ｐ／Ｅとか、ＰＥＲ（Price Earning Ratio）とか呼ばれるものだ。自己資本の場合は、ストックの時価とストックの帳簿価格を比較することも良く行われる。マーケット・キャップの自己資本帳簿価格に対する割合は、全体としてみることもできるし、１株あたりで計算することもできる。１株あたりで見れば、株価の１株あたり帳簿価格（Book Value per Share）に対する比率となって、ＰＢＲ（Price Book Ratio）と呼ばれるものになる。

企業価値の時価が計算できれば、企業価値から出てくる損益計算書上のフローはＥＢＩＴであるから、企業価値をＥＢＩＴで割ることによって、類似企業における企業価値のＥＢＩＴ

倍率を計算することができる。キャッシュフロー経営がはやったときに、ＥＢＩＴにＤＡ(Depreciation and Amortization)を足したＥＢＩＴＤＡという指標や企業価値／ＥＢＩＴＤＡという評価倍率が流行したことがある。しかし、ＥＢＩＴＤＡは設備投資を無視して減価償却だけ足し戻した指標で、過剰な設備投資を誘発しがちなので注意が必要だ。ＥＢＩＴＤＡではなくＥＢＩＴが本来のボトムラインなのである。

先ほど、企業価値時価から投融資時価を引けば事業価値の時価が計算できると述べた。その事業価値時価を、その類似企業の売上、営業利益、営業キャッシュフローの数字と比較すれば、事業価値倍率を計算することができる。すなわち、事業価値／売上倍率、事業価値／営業利益倍率、事業価値／営業キャッシュフロー倍率の3つの評価倍率を計算することができる。ここでいう営業キャッシュフローは、運転資金の変化や、設備投資のような単年度あたりに経常性がない項目等を含まず、営業利益に減価償却等の経常的な非現金営業費用を足し戻したものとして定義する。経常性を確保するために営業利益と減価償却のみによって構成される簡易営業キャッシュフローを用い、事業価値の時価がこれの何倍になっているかを計算するのである。簡易営業キャッシュフローを用いるのは、評価倍率の営業キャッシュフローに設備投資や運転資本の変化を含めると、設備投資や運転資本の変化が年ごとにばらつくため経常性を欠くキャッシュフローになってしまうからである。営業利益が何らかの要因で経常性を持たない場合には、非経常部分を取り除いて経常営業利益にして倍率を計算する必要がある。

これで、類似企業における事業価値、企業価値や自己資本価値の売上、営業利益、営業キャッシュフロー、EBIT，純利益、自己資本帳簿価格等に対する6つの評価倍率が計算されることになる。この6つの評価倍率をそれぞれの類似企業について計算した上で、これを観察し、統計処理を行う。すなわち異常値を外し、平均値や中間値をとって、業界標準としての評価基準を導き出すわけである。この業界では事業価値は売り上げと同じくらいだとか、営業利益の8－10倍だとか営業キャッシュフローの5－7倍だとか、業界における価値評価の範囲を把握し、その理由を考える。意味があるように思えるものは維持し、意味がなさそうなものはなぜそういう数字になっているのか考えると、大体おかしい数字が導かれる理由に思い当たるはずである。使える数字を遺し、使えない数字を外すと、価値評価の業界標準に関する範囲が見えてくる。この業界標準を決めることによって、評価対象企業の事業価値、企業価値、自己資本価値の範囲が計算できることになるわけである。

対象事業に対する評価倍率の適用

例えば類似企業数社の評価倍率平均が、それぞれ表1のようだったとする。

このとき、自社の財務データが表2の通りである場合、自社の事業価値、企業価値、自己資本価値は6通り計算できることになる。

表 1

①事業価値／売上	②事業価値／営業利益	③事業価値／営業 CF	④企業価値／EBIT	⑤ PER	⑥ PBR
1×	8×	6×	8×	20×	1.5×

表 2

売上	営業利益	営業 CF	EBIT	経常純利益	自己資本帳簿価格	純有利子負債時価	投融資時価
100 億円	10 億円	15 億円	12 億円	3 億円	50 億円	70 億円	30 億円

表 3

（億円）	事業価値／売上	事業価値／営業利益	事業価値／営業 CF	企業価値／EBIT
事業価値	100×1＝100	10×8＝80	15×6＝90	96－30＝66
企業価値	100＋30＝130	80＋30＝110	90＋30＝120	12×8＝96
自己資本価値	130－70＝60	110－70＝40	120－70＝50	96－70＝26

（億円）	PER	PBR	範囲
事業価値	130－30＝100	145－30＝115	60－115
企業価値	60＋70＝130	75＋70＝145	96－145
自己資本価値	3×20＝60	50×1.5＝75	26－75

表3がその6通りの計算である。

この類似企業比較方式は、DCF法に比べると簡単なので、企業評価の第一段階でよく使われる。また特別の取引を想定せず、経営上の事業の業績評価として使うためには簡単なので利用価値が高い。欧米企業の経営者が把握している事業価値や企業価値もこの方法により計算されたものであることが多い。ただし、単年度のフローを基にして計算するだけなのでシナリオ分析がDCFと比べてやりにくいとか、シナジーが生ずる場合の評価が困難という点で類似企業比較方式には限界がある。

上記の例では事業価値の範囲を60億円から115億円と見ているが、この中でPBRはストックのストックに対する評価倍率を見ているもので、ストックのフローに対する評価倍率に比べてその信頼性は低い。ストックのフローに対する倍率は同じ業界であれば似たような範囲に収まりがちだが、PBRだけは必ずしもそうではない。自己資本の時価の自己資本簿価に対する比率は、同じ業界でも設立した時点の違いや製品の競争力、成長性等によって大きく異なってくることがある。日本のPBRは平均すればバブル期に5倍くらいに上がって1990年、1992年の株式市場のバブル崩壊で1-2倍になり、現在平均すると1倍台だが個別企業により大きな差があることが普通である。上記の例のようにほかの評価倍率に対してPBRだけ範囲を外れた違う値をもたらす場合は、明らかな説明を思いつける場合でなければ、価値の範囲を考える上で統計から外したほうが良いと思う。

第3節　類似取引方式と説得力の確保

類似取引方式

企業価値評価の方法の1つに、類似取引方式（COMPAC：Comparable Acquisition Method）という方法がある。コンパックは、ある事業の買収、売却を考える場合に、同じ業界で類似取引があったかどうかを調べ、その類似取引が企業価値をどのように評価していたかを見た上で同様の評価をしたら取引を考えている事業の取引価値がいくらになるかを見るものである。

類似企業の取引ではこのように評価されていたから、この事業を同様に評価しようというのは極めてわかりやすい話なので、この方法は取引において説得力があることが多い。

類似取引データの収集と企業価値、事業価値の計算

コンパックの評価をする場合、まず似たような取引が最近あったかどうかを調べる。例えば、食品業界で、最近同業者の株式の65%が、65億円で売却されたというニュースがあったとする。この場合、65%が65億円なら株式の100%は100億円である。

もしその会社のバランスシートを入手できれば、これをコーポレートファイナンスの基本形バランスシートに並べ替えることができる。すなわち、企業価値を、純有利子負債と自己資本で支える形にすることができる。仮に、200億円の企業価値を、150億円の純有利子負債を50億円の自己資本で支えているとする。この場合の企業価値と自己資本価値は帳簿価格だが、自己資本価値を類似取引で評価された100億円の市場価値があるものだとし、純有利子負債の帳簿価格と時価がほぼ同じ150億円であると仮定すれば、企業価値の時価は、純有利子負債と自己資本価値の合計であるから、150+100=250億円である。

類似取引方式（COMPAC）

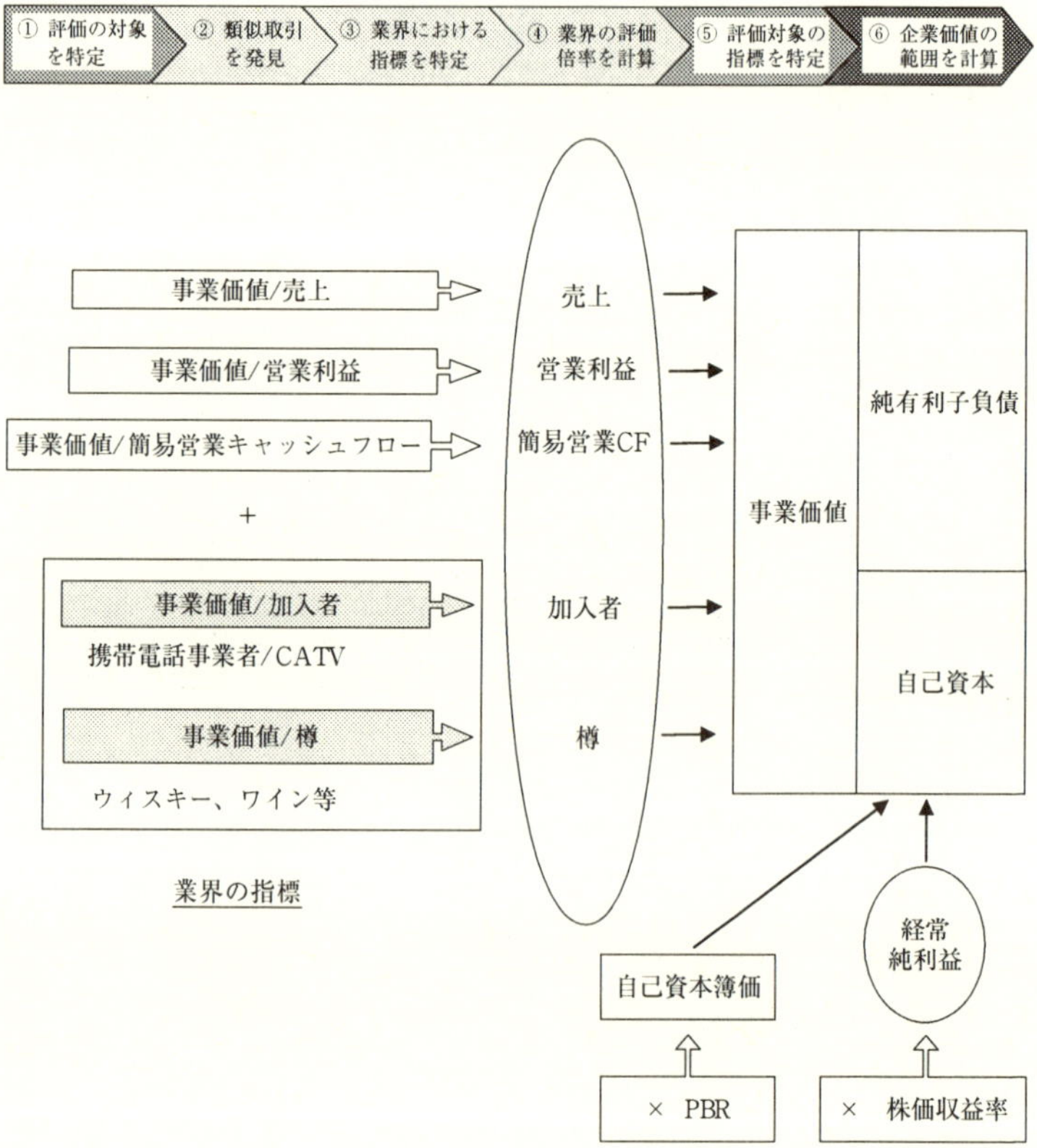
① 評価の対象を特定
② 類似取引を発見
③ 業界における指標を特定
④ 業界の評価倍率を計算
⑤ 評価対象の指標を特定
⑥ 企業価値の範囲を計算
事業価値/売上
事業価値/営業利益
事業価値/簡易営業キャッシュフロー
+
事業価値/加入者
携帯電話事業者/CATV
事業価値/樽
ウィスキー、ワイン等
業界の指標
売上
営業利益
簡易営業CF
加入者
樽
事業価値
純有利子負債
自己資本
自己資本簿価
× PBR
経常純利益
× 株価収益率

もしこの会社が50億円の投融資を持っていれば、事業価値は250億円－50億円で200億円ということになる。

また、業界の類似企業が事業だけでなく投融資を含む企業価値の営業譲渡により250億円で売却されたというニュースがあったとする。この場合、企業価値の時価が250億円だから、もし純有利子負債が150億円であれば、自己資本の時価は100億円の値段が付いていることになる。純有利子負債が150億円、投融資が50億円であれば、事業価値の200億円、企業価値の250億円と、自己資本価値の100億円は同じものなのである。

類似取引方式における評価倍率の計算

さて、公開企業の株価を使う類似企業方式（COMCO）の場合、株式市場の需要と供給を反映して付いている株価を使って、業界の標準評価倍率を計算した。しかし、類似取引方式の場合には、類似取引において、売り手と買い手が合意して付けた値段を市場価格として評価倍率を計算する。

例えば上記の例で、株式の65％が65億円で売却されたという事実をもって、株式100％の価値は100億円、純有利子負債が150億円であれば企業価値は250億円であり、投融資が50億円であれば事業価値は200億円だと考えたとする。もし、その会社の損益計算書が入手でき、売上が200億円、営業利益が10億円、減価償却費が5億円だとすれば3つの事業価値関連の評価倍率が計算できる。たとえば、もし事業価値が２００億円で売上が２００億円であれば、事業価値の売上倍率は1倍である。事業価値が２００億円で営業利益が10億円であれば、事業価値の営業利益倍率は20倍である。営業利益＋減価償却費を簡易営業キャッシュフローと呼ぶとすれば、簡易営業キャッシュフローは営業利益10億円＋減価償却費5億円であるから15億円になる。したがって、事業価値２００億円は簡易営業キャッシュフロー15億円の約13・3倍である。

また営業利益10億円に営業外収益1億円を足した金利税前利益（ＥＢＩＴ）が11億円であるとすれば、企業価値２５０億円はＥＢＩＴ11億円の約22・7倍であるということになる。

もし、損益計算書を見て、経常利益が、ＥＢＩＴ11億円から純有利子負債１５０億円に対する２％の金利３億円を引いた８億円で、税率が40％のために税引き後の経常純利益が４・８億円であるとする。株価収益率（PER：Price earning Ratio）は、株価総額１００億円割る経常純利益４・８億円で、20・８倍になる。また、株価総額が１００億円で自己資本の帳簿価格が50億円だとすれば、株価純資産倍率（PBR：Price Book Ratio）は2倍である。

このように、類似取引が1つあれば、公開している類似企業で株価が付いているのと同様に、取引の当事者が合意した市場価格がついていることになるから、事業価値の売上倍率、営業利益倍率、営業キャッシュフロー倍率や企業価値のＥＢＩＴ倍率、ＰＥＲ、ＰＢＲ等の評価倍率を計算することができる。

業界の特殊事情

類似取引方式の場合、業界の特殊事情を反映した値付けがされていることがある。例えば、ＣＡＴＶや携帯電話等の事業では加入者数を伸ばすことが目的なので、加入者１人当たりいくら払うと決めることがある。またウイスキー事業やワイン事業を購入する場合に、ひと樽いくらとか、ひとケースいくらで事業価値を計算することがある。

例えば、加入者10万人のＣＡＴＶオペレーターの営業を譲り受けるのに１００億円払った場合、１人当たり10万円支払ったことになる。これは加入者を募集して、加入してもらい続けるとどのくらい儲かるかということを１人当たりで計算している買い手が、これを基準として考えることがあるということである。このように業界によっては、損益計算書上の売上、営業利益、営業キャッシュフロー、ＥＢＩＴ、経常純利益といったような通常の損益計算書指標以外の特別な指標を見ていることがあるので注意が必要だ。市場で加入者倍率とか、樽倍率のようなものが使われている場合、これを無視した取引がしにくいのも確かだが、加入者数だけ増えて儲からないのでは買収により損をしかねない。したがって、顧客に対するアドバイザーとしては他の色々な方法による評価も試してみて、その業界における特殊基準の意味と適用範囲を判断することが必要である。

対象事業における評価倍率の適用

さて色々な類似取引データを集めていくつかの評価倍率が計算されれば、それを自分が取引したい事業に当てはめることになる。評価倍率を信頼性のあるものにするためには、できるだけたくさんの類似取引データを収集し、個別取引によって計算される評価倍率の意味を解釈することが必要である。場合によっては、評価倍率統計を作る際に何らかの理由から異常値として排除しなければならないものも出てくることがよくあるし、各種の評価倍率の中でどれがより大きな意味を持つかを取引相手と交渉する前に検討しておくことも後で役に立つことが多い。

もし、類似取引によって事業価値が売上と同じくらいだということになれば、取引対象事業の売上が100億円なら100億円の事業価値評価が可能かもしれない。しかし、類似取引において事業価値が営業利益の20倍と評価され、取引対象事業の営業利益が毎年4億円程度しか見込めない場合は、事業価値は80億円程度にしかならないかもしれない。もし事業価値が80－100億円程度だとすれば営業譲渡すれば80－100億円の現金が入るかもしれないが、投融資がなくて純有利子負債が取引対象事業に50億円あれば、株の100%売却だと30－50億円にしかならないことになるし、株の50%売却だと15－25億円にしかならないことになる。M&Aのアドバイザーとしては、各種の評価倍率は、取引対象事業に当てはめてその意味を考え、顧客にとって有利な取引のための交渉ができるように生かすことが望ましい。

第4節　DCF方式とシナリオ分析

DCF方式による事業価値評価

DCF（Discounted Cash Flow ディスカウンティッド・キャッシュフロー）方式による価値評価は、事業から発生する将来の営業フリーキャッシュフロー見込みと将来の残存価値を機会費用としての平均資本コストで割引いて、事業価値の時価を計算する方法である。企業価値の時価を計算するには、DCFで計算した事業価値に投融資の時価を足し、自己資本価値の時価を計算するには、企業価値の時価から純有利子負債の時価を引くことになる。

ここで注意しなければならないのは、DCF法による現在価値計算は、事業価値だけでなく、企業価値や、自己資本価値でもできるが通常は事業価値で行うということである。一般にコーポレートファイナンスの世界で、あるストックの時価を計算する場合、そのストックの時価は、そのストックに関わる全てのキャッシュフローを、そのキャッシュフローに見合った割引率で割り引いて現在価値を計算することによって求められる。事業価値は、狭い意味の本業であり、多くの営業資産や営業負債を含む営業の塊をすべてまとめて1つの事業を構成している。しかがって事業の固まりから生ずるのは損益計算書上の1本の売り上げ、営業利益、営業キャッシュフロー等であり、金融資産や有利子負債のように個別資産や負債に応じたフローは発生しない。金融資産や有利子負債は、個別の資産から発生するキャッシュフローの現在価値を計算して、その金融資産や有利子負債の時価を計算できるが、事業価値は、個別の営業資産や営業負債に分解しても対応するフローがない。まとまった事業価値に意味があっても、個別の営業資産や営業負債の時価には意味がないのである。このため事業価値の計算はまとめて行うが、投融資や有利子負債は個別に行って積み上げたほうが正確である。そこで事業価値はDCFで計算するが、企業価値や自己資本価値をDCFで計算することは回避したほうがよいのである。企業価値の時価をDCF方式で計算しようとすれば、営業フリーキャッシュフローに加えて、投融資から生ずるキャッシュフローを含めた企業価値からのキャッシュフローを平均資本コストで割り引かなければならない。投融資は、必ずしもその期間ごとにリスクに見合ったリターンを生むものではない。例えば、持分法未満の株式投資は、損益計算書上で配当しか生まないが、持分法では利益持分を期間損益として認識する。配当だけでは内部留保分を無視しているので、投資先企業の株式に対する利益の一部に過ぎないのである。また自己資本価値の時価をDCF方式で計算しようとすれば、営業フリーキャッシュフローだけでなく、投融資からのキャッシュフロー、純有利子負債に関わるキャッシュフローを全て考慮のうえ、機会費用である自己資本コストで割り引かなければならないことになる。このように企業価値や自己資本価値をDCF方式で計算するためには多くの注意点があり不要な混乱を招きかねないので、通常はＤＣＦ方式で計算するのは事業価値のみにされるのである。

類似企業方式や類似取引方式に比べて、ＤＣＦ方式は、多くのデータを入手し、仮定を考えたり、シナリオ分析をしたり、適切な割引率を設定したりしなければならないので手間がかかる。大きなグループで財務再構築を考える場合には、一番早くできる類似企業方式で施策対象の目安をつけ、具体的な施策を検討するときに、対象事業をＤＣＦで評価するほうが現実的なことが多い。

営業フリーキャッシュフローの定義

事業価値は営業フリーキャッシュフローを平均資本コストで割り引いて計算する。この場合の営業フリーキャッシュフローは、売上から営業利益までの勘定項目から法人税を実効税率で引いて、減価償却費等の非現金営業費用を足し戻し、運転資本の増加分、設備投資、税金等を引いて定義される。法人実効税率を引けば、税引後のキャッシュフローになるから、割引率として使用する機会費用としての平均資本コストも税引後にしなければならない。非現金営業費用を足し戻すのは、営業利益計算時にコストとして引かれているが、実際は現金が使われていないからである。運転資本は売掛金、在庫等の営業流動資産から、買掛金等の営業流動負債を引いたものであって、現預金、流動有価証券、短期有利子負債等の金融資産、有利子負債は含まない。ここでは事業価値計算の話をしているのでここで運転資本というのは営業流動資産マイナス営業流動負債のみなのである。事業としてみれば、売掛金や在庫が増えれば現金が必要だし、買掛金が増えれば現金が戻ってくるのでこれも営業から生ずるキャッシュフローである。営業上の固定資産を考える場合、減価償却は足し戻すが、設備投資は引かなければならない。会計上は大きな設備投資の結果としての工場や建物は使用期間に応じて償却されることになっているが、キャッシュとしてみれば減価償却時には現金が使われない一方で設備投資は実際に出て行くキャッシュフローであるので省略するわけには行かない。ちなみに、営業に使われていない不動産は投融資に含めて考えるべきであって、ここで事業価値を計算するときには含められるべきではない。

キャッシュフローは、過去5年分の実績や顧客から受け取る3年の中期計画を前提に、将来10年分の予測値を策定するのがグローバル・スタンダードである。10年分のキャッシュフローと、10年後の残存価値（ターミナルバリュー）を、共に平均資本コストで現在価値に割り戻して事業価値を計算する。日本では、過去を3年分にしたり、顧客からもらった中期計画をそのまま使って将来期間を5年で済ませたりすることが多いが、実績が3年ではパターンが見えにくいし、将来を5年程度にすると価値のほとんどが残存価値になってしまうのであまり好ましくない。顧客がどう見てもありえない中期計画を出してきたときは、現実的な数字に修正しないと、取引の相手方の信頼を失い、あとで想定する取引を起こせなくなることもありうるので注意が必要である。手遅れになる前に、おかしな中期計画はアドバイザーが修正すべきである。

キャッシュフローを考える場合、すべてのキャッシュフローを名目か実質で揃える必要がある。インフレがあると上がっていく実際の値段が名目（ノミナル）キャッシュフローであり、インフレを調整してどこかの時点にあわせた値段が実質（リアル）キャッシュフローである。かつてのラテンアメリカ諸国のような、とてつもない高インフレ国における事業の予測値の場合、リアルで揃えた方がやりやすい場合がある。しかし、日本の場合を含めて、通常は、すべてキャッシュフローは実際の予測値である名目値で揃えた方がわかりやすい。バブル崩壊以降の日本ではたいしたインフレがなかったためこの点がいい加減に取り扱われやすいが、アメリカは日本より2－3％高く、2007年は4％程度のインフレになっている。国によっては厳密にインフレを考えるべきである。

事業の成功要因とシナリオ分析

事業価値評価をする上で、DCF法を使う意味は、営業の塊からでてくるキャッシュフローを1本で評価できるということもあるが、キャッシュフロー中に売り上げ、営業利益、設備投資等を含むので各種の感度分析やシナリオ分析がやりやすいという点も大きな長所である。キャッシュフローの過去データや予測部分に、売上から営業利益、運転資金の変化や設備投資等の主要営業関連勘定項目をすべて含むので、事業における過去実績に基づく将来の主要仮定を変更することにより各種事業シナリオが事業価値に与える影響を分析できる。

事業を購入する場合、個別の買い手にとってコスト削減、売上増加等のシナジーがある場合、その分だけ、買収前の事業に比べて事業価値が増加することになる。例えば共通する間接部門を統合することによりコストが削減できたり、技術を統合して売上が期待できる新商品が開発できたりするというような場合である。支払価格からもともとの価値を引いたものが買収のコストであり、シナジーがコストを超えないと、M&Aは価値を生まない。その意味では、最も高い買収価格を払えるのは、もっとも大きいシナジーを持つ会社である。払える買収価格の上限を知るためにも、事業価値の増加として生ずるシナジーが事業価値のDCF計算の中でいくらくらいとみなせるかということはあらかじめ知っておくべきであろう。

残存価値の計算方法

DCFで事業価値を計算する場合、10年分の営業フリーキャッシュフローの現在価値と、10年後の事業の残存価値の現在価値を合計しなければ事業の現在価値は出てこない。事業の存続を前提とすれば10年たっても事業はあり、その事業には価値があるからである。10年間の営業フリーキャッシュフローを考えた後の10年後の残存価値は、評価倍率方式か、成長率モデルを用いて計算する。

残存価値と割引率の計算方法

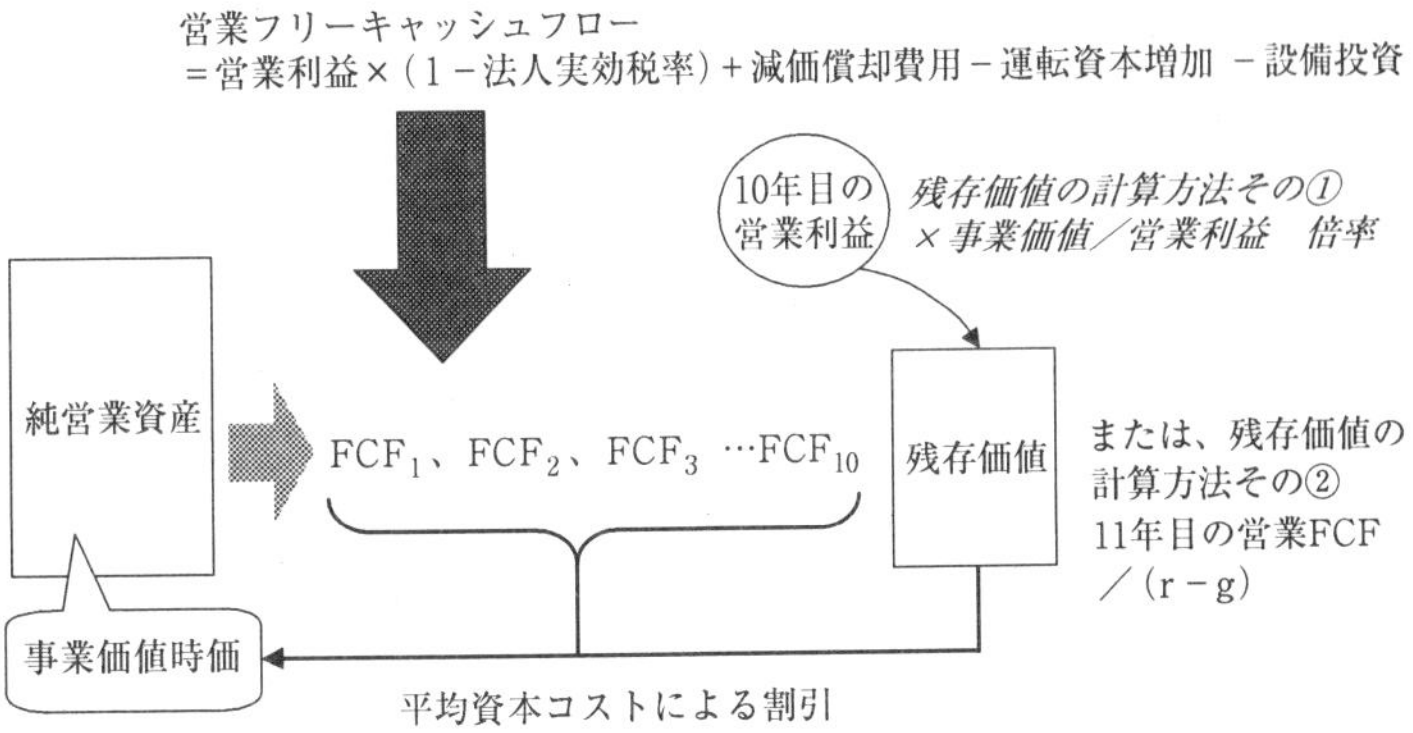

$$WACC = \frac{D}{D+E} \times r_D(1 - t_c) + \frac{E}{D+E} \times r_E$$

加重平均資本コスト　資本構成における有利子負債の割合　資本構成における自己資本の割合

評価倍率方式を用いる場合、類似企業比較方式の事業価値倍率のうちからその事業にとって、もっとも意味のあるものを選択して計算する。例えば、10年後の営業利益を10億円と予測して、業界の事業価値／営業利益倍率を8倍とすれば、10年後の事業価値は80億円であり、これを現在価値に割り戻すわけである。また10年後の営業キャッシュフロー見込みが12億円で事業価値の営業キャッシュフロー倍率が7倍と見れば、10年後の事業価値は84億円になり、これを現在価値に割り引かなければならない。日本の証券会社をはじめとして結構よくある間違いとして、残存事業価値の計算に、PERやPCFRというような比率を使うことがある。事業価値の計算であれば、投融資や、純有利子負債からのキャッシュフローが含まれていないため、経常利益や、経常フリーキャッシュフローのようなフローは将来キャッシュフローに含まれていない。事業価値計算にそのような評価倍率が使えるわけはないのである。

将来の残存事業価値の計算に成長率モデルを使う場合には、営業CF／（r－g）という式を用いる。これは一定のキャッシュフローが同じ割合で成長し、期待リターンが一定の場合に使える公式である。営業CF（Cash Flow）は11年目の経常営業キャッシュフローであり、rは10年後の平均資本コスト、g（Growth）は営業CFの成長率である。経常営業キャッシュフローというように「経常」がついているのは、その年のみの設備投資や運転資本の変化のように10年目や11年目のキャッシュフローが経常でないように見える場合は経常性を考えて調整してほしいという意味である。

割引率の計算方法

事業価値を計算する場合の割引率は、営業キャッシュフローを平均資本コスト（Weighted Average Cost of Capital：WACC）で割り引く。この場合の割引率は資本市場における機会費用であり、資本市場に同じリスクで投資するより儲かるため株主にとってその事業に投資する意味があるのである。平均資本コストを計算する場合の、負債コストは、その事業が負債を利用する場合にかかる金利であり、自己資本コストは、その事業を行う場合のリスクに対応した自己資本の期待収益率を用いる。

現在の評価対象事業を含むグループの借入コストや、自己資本コストを使うことはそのグループが複数の事業を行っているとすれば、理論的に正しくない。1つには現在グループに存在する資本構成を評価対象の事業につけるとは限らないからである。同じグループだからといって異なる事業に同じ自己資本コストを使うこともいけない。事業リスクや、資本構成によるレバレッジ・リスクは事業ごとに異なり、自己資本リスクが事業によって異なるので、期待自己資本リターンは事業によって異なるからである。

自己資本の期待収益率は、キャピタル・アセット・プライシング・モデル（CAPM）により計算する。資本市場を参考としてリスクに応じた期待リターンを計算するわけである。CAPMは、Re＝Rf＋βe×（Rm－Rf）という式で表される。投資家は、株式のポートフォリオ投資にリスクフリー証券と借入を組み合わせることによって、CAPMであらわされる線上のどこにでも等価の投資をできるという考え方である。

先に述べたように、事業価値でなく自己資本価値をDCF方式で計算することもできないわけではない。この場合は、キャッシュフロー自体が、営業フリーキャッシュフローではなく、投融資や、純有利子負債から発生するキャッシュフローも計算に入れた、自己資本に対するフリーキャッシュフロー（cash flow to equity）でなければならない。この自己資本からのフリーキャシュフローを割り引く割引率は、自己資本コストであって平均資本コストではない。自己資本というストックに投資する場合に生ずるキャッシュフローの現在価値は、自己資本に投資するリスクに見合った自己資本の期待リターンでなければならないからである。

第5節　銀行とファイナンスカンパニーの評価

事業会社、銀行、ファイナンスカンパニーの評価方法の違い

上記で通常の事業会社の事業価値評価の話をしたが、金融資産と営業資産を区別できない銀行やファイナンスカンパニーの場合、会社評価の考え方は事業会社の場合とはかなり異なってくる。事業価値評価は、資産中の営業資産、金融資産の区別や、負債中の営業負債、有利子負債の区別を前提とするからである。したがって、銀行やファイナンスカンパニーの価値を評価する場合には、事業会社の事業価値評価とはまた異なる注意が必要になる。

銀行の評価方法

まず、銀行は、総資産の中で営業資産と金融資産を区別できないし、総負債の中で営業負債と金融負債を区別することもできない。企業に対する貸し出しや家計からの預金が本業である以上、金融収益を受取る貸し出しは営業資産であり、利息を支払う預金は営業負債だか

事業会社、銀行とファイナンスカンパニーの価値評価

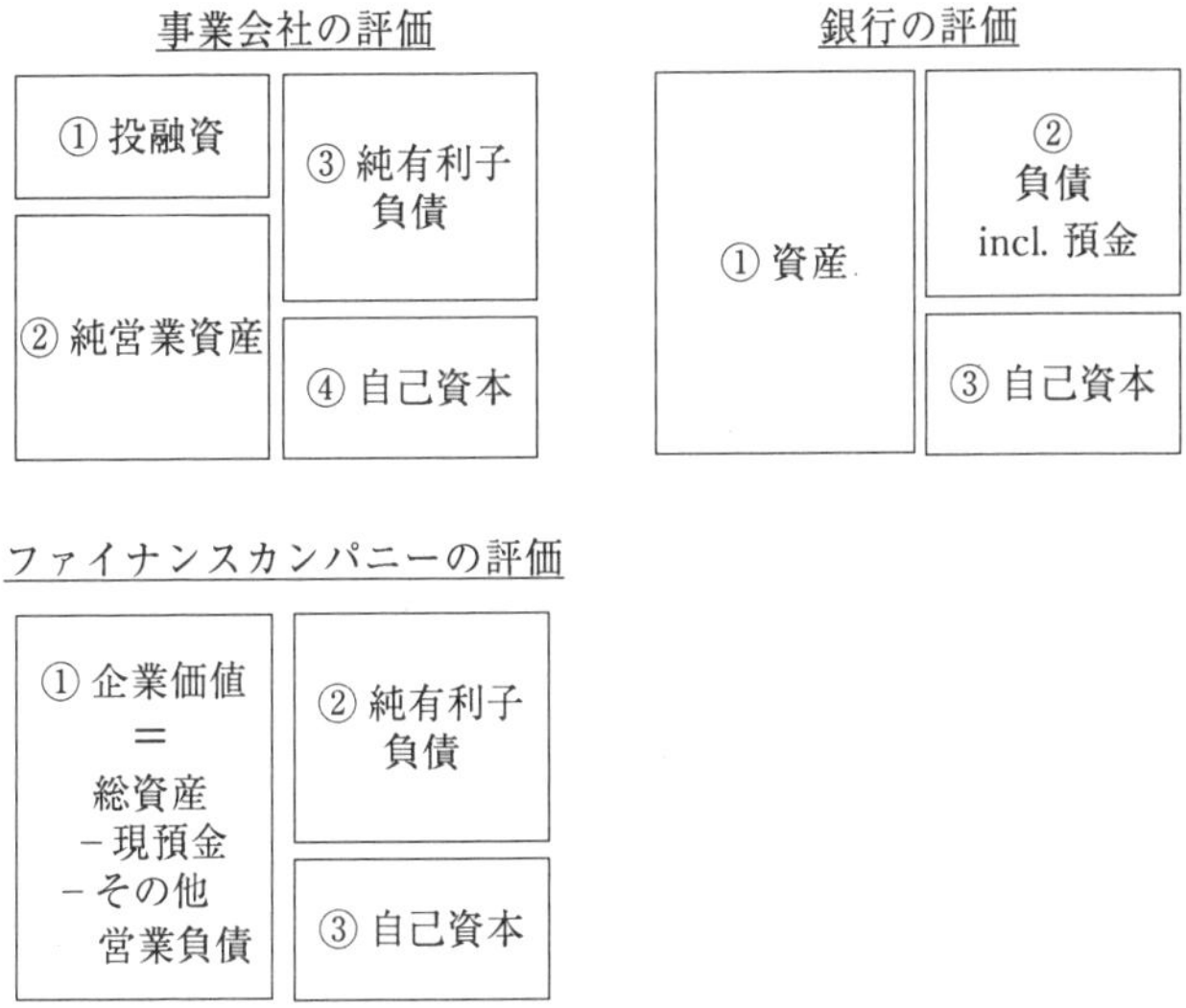

らだ。営業と金融が区別できない以上、事業価値と投融資が区別できず、事業価値と企業価値を区別できない。また、営業負債と有利子負債が区別できない以上、有利子負債と自己資本を含み企業価値を支える資本構成は考えにくく、企業価値と自己資本価値の区別も意味がない。

銀行にとっては貸出や預金を含むすべての資産や負債が本業に関わる。したがって、銀行の本業価値は、すべての資産と負債を含む純資産の価値であり自己資本価値と同じになる。銀行における本業価値を示す企業価値とは、自己資本価値のことである。銀行の企業価値（自己資本価値）の時価評価は、銀行の自己資本に対するキャッシュフローを予測し、こ

れを自己資本コストで割り引くことによって計算される。バブル崩壊以降の日本では、DCFで評価した銀行の自己資本は、市場価格総額よりかなり高いことが多かった。これは市場が不良債権処理に目が奪われ、預金や正常債権の含み益に目がいきにくかったからだ。

ファイナンスカンパニーの評価方法

さて、事業会社は、事業価値、企業価値と自己資本価値が区別されるが、銀行の場合には、資産や負債中の営業と金融の区別がつかないため、企業価値が自己資本価値と一致すると述べた。ファイナンスカンパニーの場合、資産は金融なので、事業会社のように、金融資産と営業資産の区別をつけることができず、事業価値と企業価値の区別をつけることもできない。一方で、銀行のように有利子負債中に本業の預金があるわけではないので、負債中の有利子負債と営業負債を区別することはできる。したがって、企業価値を支える純有利子負債（ネットデット）と自己資本による資本構成は存在すると言える。

企業価値と資本構成があるため、ファイナンスカンパニーの企業価値は、本業からのキャッシュフローを平均資本コストで割り引くことによって計算できる。これから純有利子負債を引けばファイナンスカンパニーの自己資本時価を計算できるわけだ。

第6章

M&Aのことば

第1節　経済産業省のＣＦＯ人材の育成

企業財務の基礎知識の標準化

日本におけるコーポレートファイナンスという学問の歴史は浅い。日本にも金融論や財政学はあったが、企業財務という学問は必ずしも発達してこなかった。大学の先生は欧米の本を読んでいたようだが、日本には企業財務の実務がなかったので企業財務の理論もなかったのである。コーポレートファイナンスは、１９８０年代にアメリカのビジネススクールに留学して必修科目としての「コーポレートファイナンス」を学んで帰ってきた人々によって、この20年ほどの間に次第に日本に持ち込まれたものであるといえると思う。

私がはじめて、コーポレートファイナンスを学んだのは１９８４年のメロン銀行の社内研修である。このときは、カーネギーメロン大学のビジネススクールの教授がブリーリー・マイヤーの教科書を使っていた。彼が教えてくれたのは、主として正味現在価値がプラスになるようなプロジェクトの評価方法だった。私は、法律は学んでいたが財務に触れたことはなく、キャッシュフローとか現在価値とかいう言葉自体が新鮮で、まったく新しい学問に出会った気がした。

その後１９８７年に、ロンドン・ビジネス・スクールで同じくブリーリーとマイヤーが書いた教科書を使ってコーポレートファイナンスを学んだ。その当時、著者の1人であるリチャード・ブリーリーはロンドン・ビジネス・スクールに在籍していたが、私は彼に学ぶ幸運には恵まれず、エルロイ・ディムソンという教授に教えてもらったものである。私は、ロンドン・ビジネス・スクールを卒業後は欧米の投資銀行に就職するつもりだったので、コーポレートファイナンスの勉強は2回目だったが、一生懸命勉強した。

ビジネススクールで学んだコーポレートファイナンスの理論は、MBA取得後の最初の職場であるCSFBのロンドン事務所で使うことになったが、ここでも理論と実務にはかなりのギャップがあった。企業価値評価の実務的手法は、ビジネススクールよりCSFBのM&A部門の方が明らかに進んでいたが、なぜそうなるかを理解するのに、ロンドン・ビジネス・スクールで学んだ理論が役立ったものである。

1991年にロンドンから日本に戻ると、コーポレートファイナンスの理論と実務のギャップは大きかった。日本ではコーポレートファイナンスの理論を机上の空論と考え、日本の実務にあわないので忘れるべきものと考える人も多かったのである。1991年といえば、日本の土地・株バブルが崩壊し、日本企業は新しい現実に合わせてリストラを迫られていた頃だった。私は当時、ファースト・ボストンのM&A部門や投資銀行部門にいたが、日本企業顧客がグローバル・スタンダードであることを根拠にコーポレートファイナンスの理屈を振り回す我々に対して、いまひとつ同意してくれないように見えた。

1995年にペレグリンに入り投資銀行部長として日本企業の顧客と話すときも、違和感があった。ペレグリンは香港に本社のあるアジア専門の投資銀行だったが、日本以外のアジア諸国ではグローバル・スタンダードがほとんど受け入れられているように見えた。なぜ日本では日本の財務の考え方とグローバル・スタンダードとの間にずれがあるのか。合理的でないように見えても独自の道を歩もうとするのかがわからなかった。世界で2位の経済大国であるという驕りからくるのか、独自の文化からくるのか、私は答えを見つけたいと考え続けた。それはテーマによっては、アジア諸国より優れた経済を作ったという驕りから来ることもあるし、日本文化から来ることもある。グローバル・スタンダードといわれる考え方が、単なるアメリカ基準で優れているともいえないこともあった。

1つ明らかだったのは、コーポレートファイナンスは日本にとって新しい学問だったので、皆が自分勝手な言葉を使って話し、話が通じにくいことだった。企業価値という言葉を1つとっても、これはEnterprise Valueという企業の本業価値の訳語であるはずなのに、株価総額の意味で使っている人たちがたくさんいた。証券会社やプライベート・エクイティー・ファンドの人達にとっては株価や株価総額を上げることが重要であるため、株価総額を企業価値と呼びたくなるのであろう。ただし、こんなに頻繁に使われる言葉が人によって違う意味を持つことは好ましくないと思う。私は徐々に、コーポレートファイナンスの言葉を日本でも標準化したいと思うようになった。

アメリカのCFOと日本の財経本部長の違い

日本の会社で突然CEO（Chief Executive Officer）やCFO（Chief Financial Officer）を導入しましたといって、社長をCEOにし、財経本部長をCFOと呼び始めることがある。ただし、全体の企業文化や企業制度がアメリカと日本では異なるので、CFOと財経本部長は違うことに注意が必要である。

そもそも日本企業では、財務と経理を統括し財経本部長として社長にレポートする取締役と、経営企画を担当し経営企画部長として社長にレポートする取締役を別々に設けることが多い。アメリカのCFOは、経理を担当するコントローラーと財務を担当するトレジャラーを下に置くだけでなく、日本では、経営企画部が担当する、戦略、中期計画、予算、業績評価、M&A等も担当することが多い。日本では、財経本部と経営企画部を分離することが多い。このため、財経本部は精度の高い数字を作成する一方で戦略性を欠き、経営企画部は経理の支援なしには予算と決算を照合できないことになりがちである。そもそも財務経営は将来ビジョンへ向かう戦略を中期計画に落とし、これを毎年予算化して決算との間で進捗管理することが基本である。企業経営に当たっては、将来ビジョンに向かう戦略の実施に当たって貢献した人を評価し、役に立たない人を非難することが望ましい。それなのに経営企画と財経本部の機能が分離していては、財務経営は大変やりにくいことになる。

地域金融人材育成システム開発プログラム

２００３年に九州大学のビジネススクールで財務を教えることが決まると、トーマツコンサルティングがコンタクトしてきた。経済産業省が事業会社のＣＦＯ人材を育てるようなプログラムを開発したいといっているので、その委員長を務めてくれないかというのである。私は、先に述べたように、日本におけるコーポレートファイナンスの言葉がばらばらであることを不満に思っていたため、コーポレートファイナンスの言葉を標準化しようとこれを喜んで引き受けることにした。これが、経済産業省が平成15年度に取り組んだ地域金融人材育成システム開発委員会である。このプロジェクトは、日本の中堅・中小企業のＣＦＯ育成を目的としたプログラムを開発し、ＣＦＯ人材を育成することによって中堅・中小企業の経営力の向上を図ろうという意図があった。

中堅・中小企業においては、財務経営人材が不足していることが多い。財務上の問題があっても、これを認識しておらず、仮に認識していても問題を解決する方法がわからないということが多い。また、中堅・中小企業が財務課題について対応する際の問題点として、人材のスキル不足を挙げる企業が最も多い。地域金融機関は中小企業の財務経営の改善を求めている。中小企業研究所が２００３年に行った「中小企業向け貸出の実態調査」によれば、中小企業の信用リスクを把握する際の問題点として、「開示される情報が少ない」とか、「決算書に信頼がおけない」とかいう点を挙げる地銀、第二地銀が多かった。中小企業庁の

地域金融人材育成プロジェクト

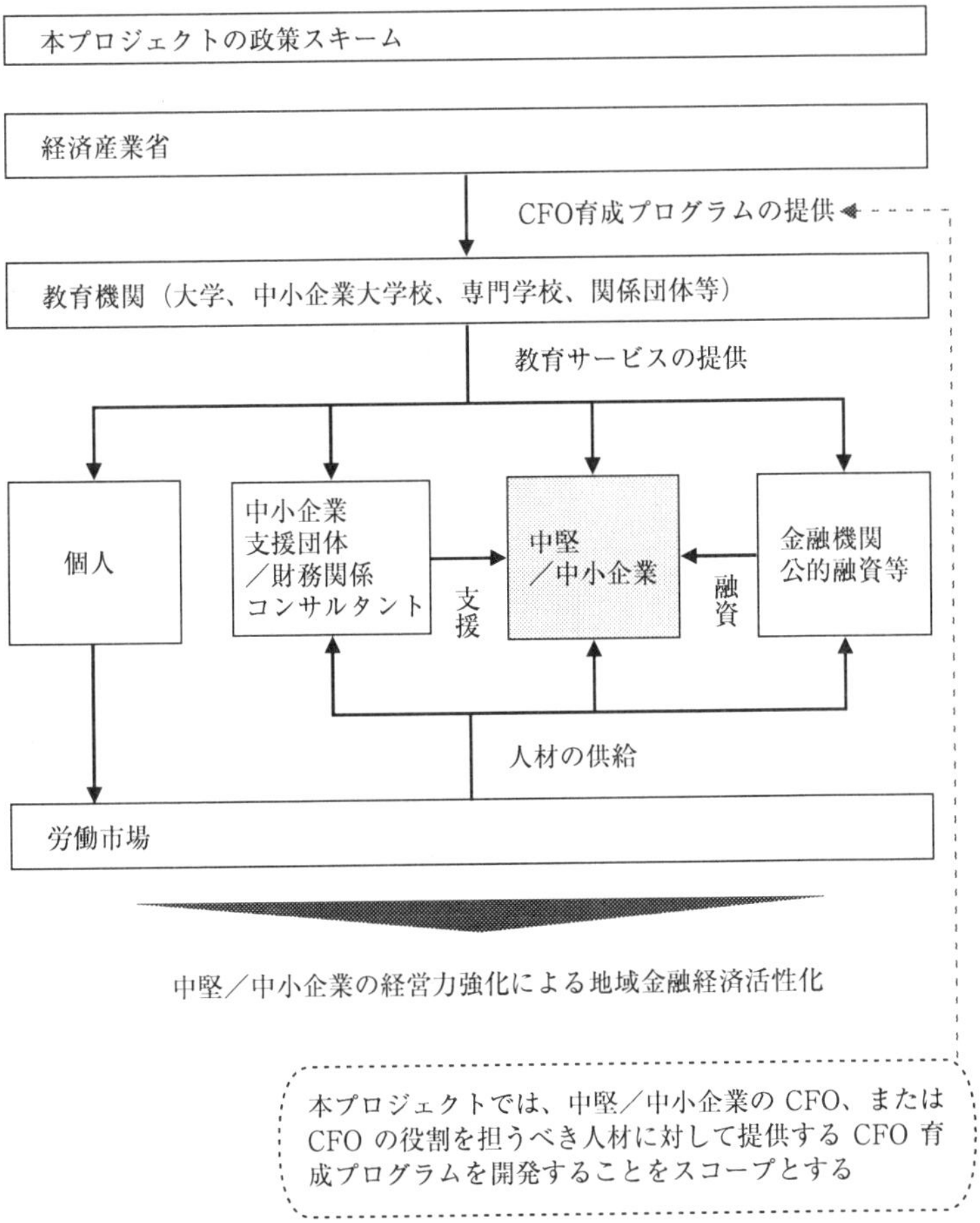

本プロジェクトの政策スキーム
経済産業省
CFO育成プログラムの提供
教育機関（大学、中小企業大学校、専門学校、関係団体等）
教育サービスの提供
個人
中小企業
支援団体
／財務関係
コンサルタント
支援
中堅
／中小企業
融資
金融機関
公的融資等
人材の供給
労働市場
中堅／中小企業の経営力強化による地域金融経済活性化
本プロジェクトでは、中堅／中小企業のCFO、またはCFOの役割を担うべき人材に対して提供するCFO育成プログラムを開発することをスコープとする

「2003年版 中小企業白書」によれば、自主的に資料を提出している中小企業は、自主的に資料を提出していない中小企業と比較して貸してもらいやすく、かつ金利が低いということである。

プロジェクトは、経済産業省や中堅・中小企業関連オブザーバーの意見を反映しながら、各委員が専門分野に関してコンテンツを作る形で推進した。プロジェクトの対象としては、中小企業だけでなく、中堅企業も含める一方で、零細企業は主たるターゲットとしないことにした。零細企業は毎日の資金繰りに忙しいと思われた一方で、中堅企業でないと、事業ポートフォリオの最適化や資本構成の最適化のような抜本的施策を検討する余裕がないのではないかと考えたためである。

財務の最適化に向けた手法としては、①財務施策の企画と実行 および ②経営計画と財務マネジメントの二本立てにした。財務施策は、本業のための「事業の効率化」の話も主として流動化の形で入れているが、構造改革の必要性がある場合を想定して、「事業ポートフォリオの最適化」の選択肢の説明を重視した。財務上の問題点としては、バブル崩壊後に先送りされた投融資の処分や、喪失した自己資本の充実を急いで欲しいという願いを込めて、「不要な投融資の処分」「資本構成の最適化」という項目を入れた。財務経営改革を入れたのは、銀行の改善要望に対応しようとしたためである。はじめは財務理論を省いて実務に集中しようとしたが、アンケートで財務理論も欲しいという要望があったため、企業価値評価、リスクとリターン、キャッシュフロー経営等の総論部分も「財務理論に関する基礎知識」として追加した。

内容は、スライド（絵）とテキスト（文章）として作成し、経済産業省ホームページからPDFファイルとパワーポイント・ファイルで入手可能になっているのでダウンロードして使っていただきたいと思っている。スライドをパワーポイント・ファイルにしたのは、経済産業省の方針としてこれは中堅・中小企業のCFO向けプログラムの「バージョン・ゼロ」であるから、皆で使って改善して欲しいという要請があったからである。委員会としては、これに賛同し、コンテンツ作成に関与した人々の知的所有権よりも、日本の企業財務のレベルアップを重視し、だれでもダウンロードして好きなように修正して使えることにしたわけである。ダウンロードはまず経済産業省のホームページに行き、1ページ目の右欄内「政策を深く調べる」の「白書・報告書」を選択し、白書でなく「報告書」の中で、2004年5月の報告書として「地域金融人材育成システム開発事業」の「詳細」を選択することによって可能である。毎年古くなっていくのでアップデートが必要だが、無料の資料なのでぜひ財務経営関係者に活用して欲しいと思っている。

財務アドバイザー育成システム開発プログラム

地域金融人材育成システム開発プログラムを作った翌年の平成16年度に、経済産業省とトーマッコンサルティングは、財務管理人材育成システム開発委員会を立ち上げることを合意した。私も継続して委員長を務めることになった。

平成16年度事業の目的は、中堅・中小企業に対する財務アドバイザーを対象とした教育プログラムを開発し、当該プログラムによる人材育成を通じて、中堅・中小企業の財務を最適化することである。平成15年度に中堅・中小企業のCFO向けのプログラムを作ったものの、税理士、会計士、中小企業診断士、地方銀行、政府系金融機関等の財務アドバイザーがこれに対して財務アドバイザリーサービスを提供して支援しなければ事業会社のCFOとしてもなかなか財務の最適化に向けて動けない。このため、2年目には財務アドバイザーをターゲットとするプログラム開発を行ったわけである。財務管理サービス人材育成システム開発プロジェクトは、企業に対する財務アドバイザー側の人材育成支援を目指すものであるから、アドバイザー側の意向を反映させるために、日本税理士連合会、日本公認会計士協会、中小企業診断協会、全国地銀協会、政府系金融機関等のアドバイザー代表に、委員、オブザーバーとして参加いただくことにした。

経済産業省と共に平成15年ならびに平成16年度事業を推進し、双方の委員会で委員長を勤めさせていただいた私としては、このプログラムが、銀行のアドバイザリー部門の方々によって参照され、利用されれば嬉しいと思っている。私は、投資銀行やコンサルティング会社等でコーポレートファイナンスの実務を行ってきた一方で、九州大学のビジネススクールで

財務管理人材育成システム開発委員会

課題	ソリューション	ソリューション実施を支援する主な専門家
事業運営の効率化	シェアードサービス、BPR、SCM、CRMなど	会計系コンサルタント会社、会計士、税理士、中小企業診断士等
	資産の証券化	銀行、証券会社、弁護士、会計士、税理士、格付機関等
	在庫担保融資	銀行、専門会社（リクイデーター）、弁護士、会計士、税理士等
	リース	リース会社、会計士、税理士、中小企業診断士等
事業ポートフォリオの最適化	M&Aの実施による事業ポートフォリオの最適化	銀行、証券会社、M&Aコンサルタント会社、弁護士、会計士、税理士、中小企業診断士等
不要投融資の処分	不要投融資の処分	銀行、証券会社、不動産会社、不動産鑑定士、会計士、税理士等
	時価・減損会計への対応	会計士、税理士、銀行、証券会社、コンサルタント会社等
資本構成の最適化	銀行との関係強化	銀行、信用金庫、会計士、税理士、中小企業診断士等
	社債の発行	証券会社、銀行、弁護士、会計士、税理士等
	株式の発行	証券会社、監査法人、弁護士、税理士、ベンチャーキャピタル等
	債務の株式化	銀行、証券会社、コンサルティング会社、弁護士、会計士等

企業財務やM&Aを体系的に教えている。プログラムの内容については、毎年古くなることを含めてアドバイザーの皆さんはご覧になれば色々と意見があると思う。しかし、パワーポイント・ファイルなので、ダウンロードした上で、自分で改善して顧客に使っていただき、中堅・中小企業の財務最適化を支援してもらえれば嬉しいと思っている。

第2節　きんざい・CFO協会

きんざいとCFO協会

金融財政事情研究会は、昭和25年に福田赳夫元総理を初代理事長として設立された公益法人で、金融財政政策や金融機関経営に関する情報の発信、調査・研究や知識の普及・啓蒙に努めている。設立以来、書籍の出版・調査・セミナー・教育事業を展開し、金融・財政に関する総合情報教育機関として事業を行ってきた。

CFO協会は、2000年10月に設立されたもので、CFO資格の認定、セミナー・フォーラムの開催、出版、研究会、交流会等を行っている。CFO協会は、住友銀行にいた矢口氏が、元大蔵省財務官で、東京銀行の頭取だった行天氏を理事長に迎えて設立したものである。日本には会計や経理があっても財務戦略をわかる人がいないという危機感に基づき、日本でもCFOを育てたいという思いがCFO協会設立の背景だったようである。

地域金融人材育成システム開発プロジェクトとプロフェッショナルCFO検定

経済産業省の地域金融人材開発委員会を行うにあたって、きんざいの河野氏とCFO協会の谷口氏がオブザーバーとして委員会に参加していた。このため、地域金融人材育成システム開発委員会で作成したプログラムを基礎として、もともと協力関係があったきんざいとCFO協会が、CFO検定プロフェッショナルコースを作ることになった。CFO協会にはスタンダードコースがあったが、どちらかといえばキャッシュ・マネジメントが中心のもので、事業ポートフォリオの最適化や資本構成の最適化にかかわる財務戦略的コンテンツが不十分だったため、投資銀行業務にも耐えられるようなコンテンツを入れてプロフェッショナル・コースとしたのである。

CFOプロフェッショナルコースの対象は、中小企業の経理・財務部長、経営者および中堅・大企業の経理・財務部門担当者ならびに金融機関の支店長、役席者、CFO検定スタンダードコースの合格者等である。試験の程度は、一般事業法人、とくに中堅・中小企業における財務活動、およびこれらの企業に対する財務相談に必要とされる企業財務の高度な知識と問題解決の技能を問うものである。

私は、CFO検定プロフェッショナルコース企画委員と、試験委員を務めさせてもらい内容の統一を図った。なかなかレベルの高いコースを作ったつもりだが受験者はまだ少ないと聞いている。将来の発展とプロフェッショナルCFOの増加を期待したい。

第3節　銀行研修社

KCFO講座

土師社長が経営する銀行研修社は、銀行研修の分野では強いブランド力を保有している。金融機関行職員の実務教育に役立つ書籍、雑誌、研修事業を展開し、金融マンの能力向上を支援している。

きんざい・CFO協会のプロフェッショナルコースははじめから関わっていたが、銀行研修社が作ったKCFO講座は、できた後に呼ばれて参画し、加筆修正をお願いすることになった。もともと経産省のプログラムは、知的所有権を放棄して誰でもどんなプログラムでも作ってくださいという趣旨だったので文句を言う筋合いではまったくないが、やはり初めから自分で作らないと違和感がある。本講座は銀行研修社が、経済産業省『地域金融人材育成計画プログラム』に基づき『中堅・中小企業経営者、後継者、財務担当役員』の実践教育用として、財務・金融等に不可欠な実践的ノウハウを補筆し開発したものということになっている。通信教育テキスト4分冊および用語集を使用し、かなりのボリュームがある。私も2007年秋あたりから、事業ポートフォリオの最適化や資本構成の最適化部分を執筆させてもらった。経済産業省の委員会終了後に新会社法の導入や、株式交換の税制改正等があっため、内容のアップデートも必要だった。

K－CFO試験は、金融検定協会が行うものである。経済産業省の地域金融人材育成計画に則り、中堅・中小企業の経営者、財務担当役員に必要なチーフフィナンシャルオフィサー（CFO）の基礎知識から企業の実践に役立つノウハウを4教科に構成し、すでに多くの中小企業経営者や都銀幹部等が受験しているようだ。私もたまに銀行研修のお手伝いをしている。

財務アドバイザー講座

財務アドバイザー講座は、経済産業省「中小企業の財務健全化指導に必要な財務アドバイザー（K－CFA）カリキュラム」を前提として、金融機関の法人・融資両担当者向け通信教育として開講されたものである。

金融検定協会により行われるK－CFA試験は、財務アドバイザー向けの資格試験である。財務アドバイザーは、取引先の中小企業等が抱える、財務面を中心とした経営課題に対し、適確なアドバイスを実施することが求められているわけで、これは銀行員、会計士、税理士等が対象になる試験である。本試験では、財務上の課題解決から経営計画の策定まで、中小企業が必要としている各種アドバイスをするための実践的な知識を身につけているかどうかが問われる。

参考文献

Brealey/Myers/Allen "Corporate Finance" 8th edition McGraw-Hill, 2006.
村藤　功『連結財務戦略』東洋経済新報社、2000年。
村藤　功『日本の財務再構築』東洋経済新報社、2004年。
村藤　功『日本の実務に役立つコーポレートファイナンス』中央経済社、2006年。
村藤　功　スカイパーフェクTVビジネスブレークスルーチャンネル（ch757）
「経営革命：16回放映」：1998－1999年。
「21世紀の財務戦略：12回放映」：2000－2001年。
「日本の財務再構築：12回放映」：2001－2002年。
村藤　功『経済学研究』日本の財務再構築第一回「バブルの発生崩壊と日本の財務諸表への影響」九州大学出版会、2005年。
村藤　功『経済学研究』日本の財務再構築第二回「連結財務管理と自己責任の原則に基づく業績評価」九州大学出版会、2005年。
村藤　功『経済学研究』日本の財務再構築第三回「事業会社セクターの財務再構築」九州大学出版会、2005年。
村藤　功『経済学研究』日本の財務再構築第四回「金融法人セクターの財務再構築」九州大学出版会、

２００６年。

村藤　功『経済学研究』日本の財務再構築第五回「一般政府セクターの財務再構築」九州大学出版会、２００６年。

村藤　功『経済学研究』日本の財務再構築第六回「家計の財務再構築」九州大学出版会、２００６年。

アンダーソン・毛利・友常法律事務所『新会社法の読み方』金融財政事情研究会、２００５年。

井上、柳、柳井『法人税の計算と理論』税務研究会出版局、２００３年。

上山信一『行政評価の時代』ＮＴＴ出版、１９９８年。

上山信一『行政経営の時代』ＮＴＴ出版、１９９９年。

川北英隆『財政投融資ビッグバン』東洋経済新報社、１９９７年。

銀行研修社『中堅・中小企業ＣＦＯ（最高財務責任者）講座資料』。

きんざい『ＣＦＯ検定プロフェッショナルコース資料』。

経済産業省主催『地域金融人材育成システム開発プロジェクト資料』２００４年。

経済産業省主催『財務管理サービス人材育成システム開発プロジェクト資料』２００５年。

島田晴雄『明るい構造改革』日本経済新聞社、２００１年。

高橋俊介『自由と自己責任のマネジメント』ダイヤモンド社、１９９５年。

tax ML『新会社法の実務Ｑ＆Ａ』清文社、２００５年。

鳥飼重和・大野木孝之監修『合併・分割』税務経理協会、２００２年。

鳥飼重和・大野木孝之監修『株式交換移転・営業譲渡』税務経理協会、２００２年。

内閣府経済社会総合研究所編『国民経済計算』財務省印刷局。

藤野哲也『グローバリゼーションの進展と連結経営』文眞堂、1998年。

松本真輔『新会社法・新証取法下における敵対的買収と防衛策』税務経理協会、2005年。

《著者紹介》

村藤　功（むらふじ・いさお）

九州大学大学院経済学府産業マネジメント専攻教授
ベリングポイントアドバイザー
東大法卒、ロンドン・ビジネス・スクール MBA。戦略コンサルティング会社ベイン、メロン銀行アジア太平洋地域審査部、CSFB ロンドンの M&A 担当を経て帰国後 CS ファースト・ボストン証券で M&A 担当。香港のアジア専門投資銀行ペレグリンに転じたのち、1998 年からアンダーセンのコンサルティング部門で財務戦略部門を統括。KPMG のコンサルティング部門との統合に伴いアンダーセンのパートナーからベリングポイントのマネージングディレクターへ。2003 年 4 月開校の九州大学ビジネススクールで、企業財務、M&A を担当。アジア提携担当として中国瀋陽の東北大学客員教授。スカパー「ビジネス・ブレークスルー・チャンネル」番組講師を経てコンテンツ委員会委員、クロス FM ラジオ「BBIQ モーニングビジネススクール」金曜日財務担当。経済同友会会員。著書に、「連結財務戦略」、「日本の財務再構築」、「日本の実務に役立つコーポレートファイナンス」等。経産省主催の地域金融人材育成システム開発委員会と財務管理人材育成システム開発委員会委員長。

（検印省略）

2008 年 8 月 10 日　初版発行　　　略称— M&A アドバイザー

M&Aアドバイザーの秘密
—トラブルと苦労の日々—

著　者　村 藤　　功
発行者　塚 田 慶 次

発行所　東京都豊島区池袋 3－14－4　株式会社　創 成 社
電　話 03（3971）6552　　F A X 03（3971）6919
出版部 03（5275）9990　　振　替 00150-9-191261
http://www.books-sosei.com

定価はカバーに表示してあります。

ISBN978-4-7944-2297-2 C0034
Printed in Japan

組版：ワードトップ　印刷：S・D プリント
製本：宮製本所
落丁・乱丁本はお取り替えいたします。

創成社の本

なぜ，子どもたちは遊園地に行かなくなったのか？

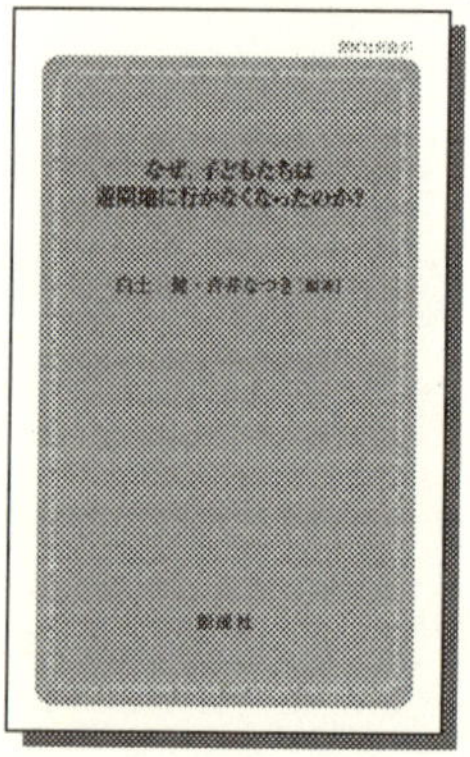

白土　健・青井なつき［編著］

惜しくも閉園してしまった老舗遊園地の夢の軌跡をたどるとともに，近年のテーマパーク台頭の背景を探った。

創成社新書 21

自分のキャリアを磨く方法
—あなたの評価が低い理由《わけ》—

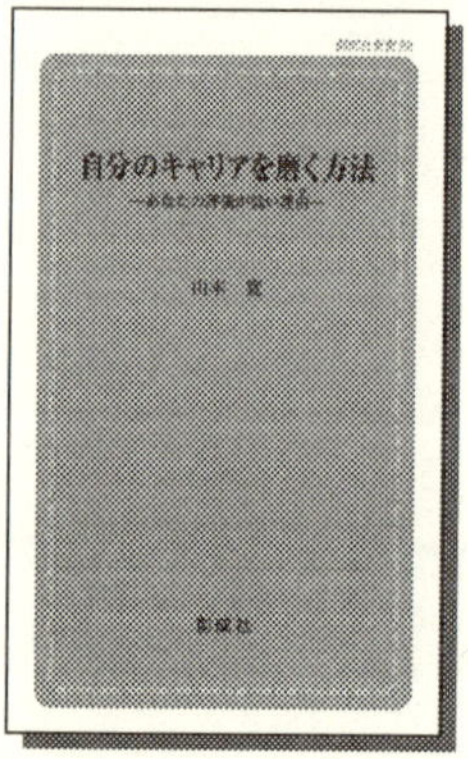

山本　寛［著］

なぜ，あなたの評価は低いのか？キャリアが発達する，またキャリアをデザインするということに重点をおき，筆者の実体験を踏まえながら，わかりやすく解説した。

創成社新書 22

定価（本体800円＋税）

お求めは書店で

店頭にない場合は、FAX03（3971）6919か、TEL03（3971）6552までご注文ください。
FAXの場合は書名、冊数、お名前、ご住所、電話番号をお書きください。
ご注文承り後4～7日以内に代金引替でお届けいたします。